Myriam von M
PSYCHO-QUEEN

Myriam von M

PSYCHO-QUEEN

Mit Borderline zum Bestseller

PIPER

Mehr über unsere Autoren und Bücher:
www.piper.de

Wenn Ihnen dieses Buch gefallen hat, schreiben Sie uns unter Nennung des Titels »Psycho-Queen« an *empfehlungen@piper.de*, und wir empfehlen Ihnen gerne vergleichbare Bücher.

Inhalte fremder Webseiten, auf die in diesem Buch (etwa durch Links) hingewiesen wird, macht sich der Verlag nicht zu eigen. Eine Haftung dafür übernimmt der Verlag nicht.

ISBN 978-3-492-50526-0
1. Auflage Juli 2021
2. Auflage Juli 2021

Redaktion: Corlingua, Elisa Kieselmann
Satz: Satz für Satz, Wangen im Allgäu
Gesetzt aus der Adobe Garamond Pro
Druck und Bindung: CPI books GmbH, Leck
Printed in the EU

In Gedenken an Michael Konowalski –
Du vergisst nie den Menschen,
der dir zum ersten Mal gezeigt hat, was Liebe ist

Vorwort

Hey there!

Ich bin Myriam, und Du hältst mein zweites Buch in Deinen Händen. Es ist nicht selbstverständlich, dass sich Menschen für einen interessieren, und ich empfinde ehrliche Dankbarkeit und Demut dafür! Bevor ich Dich in meine Welt mitnehme, möchte ich Dir ein paar Informationen mitgeben, die Du benötigst, um Dich in ihr zurechtzufinden. Mein erstes Buch musst Du dafür nicht zwingend gelesen haben.

Geboren wurde ich 1977 in Deutschland, aufgewachsen bin ich aber in den USA und habe daher häufig Heimweh nach Amerika. Ich bin verheiratet und habe zwei wundervolle Kinder, die allerdings bei ihren Vätern leben. 2002 bin ich das erste Mal an Krebs erkrankt und habe zahlreiche Operationen, Therapien und Rückfälle hinter mir. Aktuell bin ich krebsfrei, aber mein Körper ist nach diesem jahrelangen Kampf ziemlich kaputt. Falls Du schon von mir gehört hast, dann wohl am ehesten im Zusammenhang mit meiner Kampagnenarbeit für die FUCK CANCER gGmbH. In deren Rahmen betreue ich krebskranke Menschen psychoonkologisch und erfülle ihnen beispielsweise letzte Wünsche. Ich habe eine eigene Fernsehserie und war in meiner Funktion als Advokatin für Krebsvorsorge bereits in diversen Talkshows zu Gast. Ebenso leidenschaftlich und laut bin ich außerdem als strikte Gegnerin der Tabuisierung von schwierigen Themen, insbesondere was psychische Erkrankungen und den Umgang mit diesen angeht, was gleichzeitig den Hauptgrund für das Schreiben dieses Buchs darstellt. Ich bin studierte Heilpraktikerin für Psychotherapie und leide selbst an der Borderline-Persönlichkeitsstörung, die sich in Suizidalität, selbstverletzendem Verhalten, Verlustängsten, Angststörungen beziehungsweise Panikattacken, Zwängen und Depressionen äußert. Es hat mich viel Kraft gekostet, dieses Buch zu schreiben. Häufig war ich retraumatisiert, und es flossen viele Tränen. Gleichzeitig warte und hoffe ich darauf, dass sich für mich ein autotherapeutischer Effekt einstellt, sobald sich das Aufgewühlte wieder gesetzt hat. Ja, es ist kein einfaches Buch, aber ich hoffe, dass Du daraus trotzdem Kraft für Dich ziehen kannst. Es gibt nämlich keinen Grund, sich zu verstecken, auch wenn man mental und körperlich mitgenommen ist, und das möchte ich hier aufzeigen. Bist Du selbst krank, egal, in welcher Hinsicht, musst Du mich nicht zum Vorbild nehmen, dafür habe ich selbst zu viele Fehler in meinem Leben gemacht. Aber vielleicht kann ich Dich inspirieren, niemals aufzugeben, und vor dem Hintergrund meiner akademischen Expertise ist vielleicht sogar der ein oder andere konkrete Rat im Umgang mit bestimmten Situationen oder Verhaltensmustern dabei. Du wirst auch Stellen finden, die mit einem Augenzwinkern geschrieben sind und Dich punktuell hoffentlich zum Schmunzeln bringen. Geht es Dir gut, und Du bist »gesund« oder Du betrachtest Dich selbst als »normal«? Dann hoffe ich sehr, dass das lange so bleibt! Im besten Falle hast Du nach dem Lesen dieses Buchs ein wenig Einblick in die Gedanken- und Gefühlswelt eines körperlich und seelisch kranken Menschen erhalten und kannst für Menschen wie mich ein gesteigertes Verständnis aufbringen. Davor hätte ich großen Respekt, denn das hier ist kein Schrei nach Aufmerksamkeit, auch wenn es mit Sicherheit Menschen geben wird, die das so interpretieren und darstellen. Es kostet mich viel Überwindung, mich quasi nackt auszuziehen, und gerade vor dem Hintergrund meiner seelischen Störung habe ich ehrlich empfundene Angst vor dem negativen Feedback. Aber wenn es genug Menschen gibt, die von meiner Geschichte und meinen Schlussfolgerungen bewegt werden, war es das am Ende hoffentlich wert.

Dieses Buch ist während der Coronakrise 2020 entstanden, und nicht zuletzt deswegen habe ich eine sehr eigene Struktur gewählt. Jedes der folgenden Kapitel ist auf eine meiner psychischen Störungen zentriert und in jeweils drei Abschnitte unterteilt. Im ersten dieser Abschnitte befinde ich mich in der Gegenwart. Während ich von meinen persönlichen, aktuellen Geschehnissen in dieser besonderen Zeit berichte, kommen viele Gedanken aus der Vergangenheit wieder hoch, und so erzähle ich in dieser Stimmung im zweiten Abschnitt Episoden aus meinem Leben. Schließlich betrachte ich das Erlebte im dritten Abschnitt und versuche eine Art Fazit für mich zu ziehen. Alles, was Du liest, entspricht der Wahrheit, oder zumindest MEINER Wahrheit und meinen Erinnerungen. Vereinzelt habe ich einige Geschehnisse, die vielleicht über mehrere Tage verteilt waren, aus dramaturgischen und erzählerischen Gründen zeitlich gestrafft und in einem Moment eingefangen. Inhaltlich sollte das aber nichts verfälscht haben.

Zu guter Letzt möchte ich hiermit noch explizit eine TRIGGERWARNUNG aussprechen. In diesem Buch sind Schilderungen enthalten, die bei psychischen Erkrankungen Reaktionen auslösen könnten.

Kisses, and stay strong!

Myriam, Januar 2021

SUIZIDALE TENDENZEN

Kapitel 1

1.1 Die Gegenwart

Januar 2020 … Ich befinde mich in den USA, da ich über Weihnachten Freunde und Familie besucht habe. Von den üblichen Streitigkeiten abgesehen, die Familienfeiern wohl unweigerlich mit sich bringen, verliefen die Feiertage durchaus beschaulich, und ich bin mit meinem Mann Benny gut in das neue Jahr gestartet. In den Nachrichten verfolge ich allerdings zunehmend Berichte über ein unbekanntes Virus, das zu der Zeit in China grassiert. Ich bezeichne mich selbst gerne und treffend als *germaphobe*, zu Deutsch also jemanden, der eine Phobie vor Bakterien und Viren entwickelt hat, was zumeist mit ausgeprägten Hygienezwängen einhergeht. Schon aus diesem Grund habe ich ein ungutes Gefühl dabei, zumal noch nicht viele Details über das Virus bekannt sind. China ist zwar einerseits beruhigend weit weg, andererseits reicht es schließlich aus, wenn eine infizierte Person ein Flugzeug besteigt. Für den Moment fühle ich mich aber relativ sicher, und mein Rückflug nach Deutschland liegt noch ein paar Wochen in der Zukunft. Ich liebe es, für längere Zeit in meiner Heimat zu sein. Schwierig wird es nur, wenn währenddessen in Deutschland Dinge passieren, die eigentlich meine Anwesenheit erfordern.

Ich werde wach und schaue auf mein Handy. Es ist 11 Uhr morgens in Seattle an der amerikanischen Pazifikküste. Neben der Uhrzeit gibt mein Handy auch eine Nachricht preis, die dort aufgrund der Zeitverschiebung bereits seit Stunden ungeduldig auf mich wartet. Ihr Inhalt weckt eine dunkle Vorahnung: »Myriam! Du hast es bestimmt schon gehört. Ansonsten ruf mich dringend an!«, lautet der Appell meiner alten Jugendfreundin Annabelle. Eigentlich nehme ich mir besonders im Urlaub viel Zeit, bevor ich das Bett verlasse, und kuschle mich lieber noch mal an meinen Mann, bevor ich schließlich aufstehe und etwas tapsig und verschlafen in den Tag starte. Heute bin ich sofort hellwach. »Hey Annabelle! Nein, ich weiß gar nichts. Was ist denn passiert? Ist etwas mit Michael?«, schreibe ich zurück und merke, wie ein bedrückendes Gefühl meine Brust einschnürt. Die meisten Menschen kennen dieses Gefühl, tun sich in der Beschreibung aber schwer. In Anlehnung an die Terminologie der Alien-Filme nennen mein Mann und ich dieses Gefühl scherzhaft *Chestburster*. Häufig kann ich die Herkunft dieser Kreatur, die cineastisch aus meinem Brustkorb herauszubrechen droht, nicht zuordnen. Heute allerdings liegt die Ursache buchstäblich schwarz auf weiß vor mir auf dem Display meines Smartphones. Meine Nachricht bleibt von Annabelle ungelesen, also versuche ich sie anzurufen – vergeblich. »Verdammte Zeitverschiebung!«, rufe ich laut und wecke damit meinen Mann, der mich verdutzt anguckt. Ich behalte den Chatverlauf mit Annabelle im Auge, doch egal, wie angestrengt ich auf die beiden grauen Häkchen unter meiner Nachricht starre, sie wollen nicht blau werden. Wie ein Damoklesschwert schwebt meine dunkle Vorahnung viele Stunden über mir, während sich der Tag träge dahinzieht. Normalerweise genieße ich es, mit meinem Mann in einem Diner zu frühstücken und anschließend etwas zu unternehmen. Doch heute steht mir nicht der Sinn danach. Immer wieder gehe ich mögliche Szenarien mit Benny durch, bis Annabelle sich endlich meldet und meine schlimmste Befürchtung bestätigt: Michael ist tot.

Annabelle, übrigens eine gemeinsame Freundin von damals, berichtet mir, dass Michaels Ex-Freundin und Mutter der gemeinsamen Tochter, die Polizei gerufen hatte, nachdem sie ihn nicht erreichen konnte. An Weihnachten fand die Polizei Michael daraufhin tot in seiner Wohnung auf. An der geplanten Beisetzung kann ich nun nicht teilnehmen, dabei hätte ich so sehr eine Art von Abschluss gebraucht. Über die Jahre hinweg hatten wir nach unserer Trennung vor über 20 Jahren mal mehr und mal weniger Kontakt. Zuletzt war der Kontakt wieder etwas dünner, und ich habe das Gefühl, als Freundin versagt zu haben. Michael litt seit einigen Jahren unter Depressionen und konnte sein Glück in der Liebe auch nach mir nicht wirklich finden. Seine Tochter, die seit der Trennung bei ihrer Mutter lebt, war sein ganzer Stolz. Mehrfach schon hatte er in der Vergangenheit davon gesprochen, sich umzubringen. Zuletzt sagte er mir vor etwa 3 Monaten, dass seine Therapie vorbei sei und er es nicht mehr packe, weiterzuleben. Hätte ich etwas tun können? Hätte ich gar etwas tun müssen? Irgendwann hat man jeden aufmunternden, durchaus ehrlich gemeinten Satz mehrfach gesagt, und die Sätze verkommen insbesondere aufseiten des Betroffenen zu leeren Phrasen. Er beteuerte immer wieder, dass ihm der Austausch mit mir viel Kraft gebe und er stolz auf mich sei. Hatte ich ihn trotzdem im Stich gelassen? Die größte Angst suizidgefährdeter Menschen ist es, nicht gehört zu werden. Ich muss es wissen. Ich selbst gehöre schließlich auch dazu.

1.2 Die Vergangenheit

Ich war zwar mit einigen Männern in meinem Leben zusammen, aber nur wenigen habe ich gesagt – und es auch so gemeint –, dass ich sie liebe. Michael war der erste. Ein Paar wurden wir 1993, beide waren wir zu diesem Zeitpunkt 17, er nur ein halbes Jahr älter als ich. »Missy« nannte er mich immer. Gebürtig stammte er aus Polen und erinnerte mich damals optisch an den jungen Keanu Reeves aus den »Bill & Ted«-Filmen. Auf den ersten Blick war er ein eher ruhiger Typ, taute in einer ihm bekannten Umgebung aber schnell auf und gab dann gerne den Spaßvogel. Er spielte Gitarre in einer Ramones-Coverband und verehrte außerdem die Doors und Nirvana. Michael war ein unheimlich talentierter Zeichner und sollte später auch Grafikdesign studieren und insbesondere ein Meister im Umgang mit Photoshop werden. Ich erinnere mich gut daran, wie er sich einmal aus einer Laune heraus einen Kugelschreiber zur Hand nahm und begann, mein Bein zu bemalen, bis es komplett von den schönsten Mustern und Formen bedeckt war. Leider ließ er sich zu häufig von seinen Freunden ausnutzen. Er war der Erste – und lange Zeit auch der Einzige in unserem Umfeld –, der einen Führerschein und ein Auto besaß. Mit seinem VW Derby fuhr er regelmäßig Freunde und Bekannte von A nach B, meistens, um irgendwo von irgendwem Marihuana zu besorgen. Natürlich profitierte ich ebenso davon, denn auch zusammen genossen wir unser Dasein als junges Kiffer-Pärchen. Insgesamt kann ich rückblickend guten Gewissens sagen, dass er eine sehr positive Wirkung auf viele Frauen hatte. Trotz meiner Borderline-Persönlichkeitsstörung und der damit in jüngeren Jahren verbundenen Promiskuität war ich Michael in unserer Zeit stets treu. Er allerdings nahm es leider nicht immer so genau damit. Einen seiner Ausrutscher quittierte ich damals mit einem beherzten »Sabrina-Ficker«, das ich mithilfe eines Schlüssels tief in den Lack seines grünen, bei der Polizei gut bekannten VW Derbys kratzte. Ihn umgab immer eine gewisse Aura aus Leichtigkeit. Diese hatte neben seiner Unzuverlässigkeit und Untreue noch eine tiefere Schattenseite. Michael neigte dazu, alles Böse von sich wegzuschieben und zu ignorieren. Beispielsweise hatte er den Tod seines Vaters, der an Lungenkrebs starb, nie richtig verarbeitet und wollte auch nie darüber sprechen. So hielt er es mit allen Problemen, also auch mit solchen, die mich oder unsere Beziehung betrafen.

Als ich 1996 ungeplant schwanger wurde, nahm Michael das zwar hin, mit sonderlich viel Anteilnahme konnte ich aber nicht rechnen. Als ich einen Schwangerschaftstest aus der Apotheke machte, besuchten wir gerade seine Familie in Polen. Während des Mittagessens kam das Thema unweigerlich zwischen uns zur Sprache. Ich traute mich nicht, das Ergebnis anzusehen, und trug den Test seitdem mit mir herum. Also nahm er den Test an sich und verabschiedete sich kurz auf die Toilette. Kurze Zeit später kam er wieder, setzte sich neben mich und murmelte knapp »Jupp, ist positiv«, während er ruhig weiteraß. Insgeheim war er sicher dagegen, dass ich das Kind bekomme, hatte er doch gerade erst Abitur gemacht. Aus heutiger Sicht kann ich ihm diese Haltung nicht verdenken. Es war auch nicht so, dass ich darauf versessen war, ein Kind auszutragen, aber es war nun einmal passiert, und dieser Verantwortung wollte ich mich auch stellen. Erwartungsgemäß versuchte Michael meine anderen Umstände so gut es eben ging zu ignorieren, und seine Taktik sollte zunächst aufgehen. Tatsächlich war meine Schwangerschaft nämlich nach elf Wochen wieder beendet und resultierte in einer Fehlgeburt, die mich insbesondere körperlich in keinem guten Zustand zurückließ.

Zwei Tage später war ich mit Michael zu Gast bei meiner Mutter und meinem Stiefvater. Die beiden waren ein ungleiches Paar: Meine Mutter der etwas kräftige, kleine Rotschopf mit Sommersprossen und mein Stiefvater, der schlaksige Typ mit dunklen Haaren. Michael und ich saßen gerade im Esszimmer, das den Mittelteil eines langen Schlauchs, bestehend aus Küche, Esszimmer und Wohnzimmer darstellte. Mein kleiner Bruder Andy befand sich in seinem Zimmer und spielte, während sich meine Mutter und mein Stiefvater im Wohnzimmer mal wieder zankten. Diesmal ging es um die Fernbedienung des Fernsehers, da sie sich nicht auf einen Kanal einigen konnten. Ich ging dazwischen, entriss ihnen die Fernbedienung und schrie meinen Stiefvater auf Englisch an: »*Stop it! This is bullshit!*« Michael verfolgte die Situation aufmerksam und angespannt, gleich einem Sprinter, der sich auf den Startschuss des anstehenden Finallaufs vorbereitet. »*Stupid bitch, baby killer!*«, hörte ich meinen Stiefvater verächtlich sagen, und er versetzte mir einen kräftigen Stoß, der mich rückwärts durch den Glaseinsatz einer typisch deutschen Zimmertür mit Holzrahmen beförderte. Klirrend ging das Glas zu Bruch, und ich fand mich auf dem Boden inmitten von Glasscherben wieder. Während ich aufstand und mich schüttelnd von den gröbsten Scherben und Splittern befreite, spürte ich eine infernalische Wut in mir aufsteigen.

Mein Stiefvater verstand sich schon immer darauf, mich zu triggern. Seine Anspielung, dass ich mein Baby verantwortungslos getötet hätte, indem ich mich womöglich nicht schwangerschaftskonform verhalten hatte, machte mich in diesem Moment noch wütender als die Tatsache, dass er mich gerade durch eine Tür geschubst hatte.

Er hatte meine Mutter und mich lange genug misshandelt. Diese Mixtur aus jahrelanger Peinigung und dem absoluten Hormontief nach dem Ende meiner Schwangerschaft schalteten in mir einen Tunnelblick frei, der meinen Stiefvater fixierte. In einer einzigen flüssigen Bewegung, die für mich wie in Zeitlupe ablief, machte ich einen großen Satz in Richtung meines Stiefvaters, nahm nur aus dem Augenwinkel den Messerblock auf der Küchentheke wahr, schnappte mir ein beliebiges Messer und versuchte, auf ihn einzustechen – vergeblich! Michael war über den Esstisch auf uns zugesprungen und konnte meinen Arm so ablenken, dass ich den Hals meines Stiefvaters nur leicht kratzte. Mit aller Kraft hielt Michael mich daraufhin mit beiden Armen umschlungen fest, während ich versuchte mich freizukämpfen, um zu vollenden, was ich begonnen hatte. Mein Stiefvater war kreidebleich, und Panik stand ihm ins Gesicht geschrieben. Meine Mutter hörte nicht auf zu schreien, und mein kleiner Bruder, der inzwischen Teil der Szenerie war, weinte völlig verängstigt. Michael beförderte mich mit festem Griff nach draußen ins Auto, und wir fuhren davon. Ich hatte sehr viel Glück an diesem Tag und bin froh, dass die Sache so glimpflich ablief.

Später an diesem Tag saßen Michael und ich zu zweit auf der Couch in der Wohnung seiner Eltern, die sich gerade im Urlaub befanden. Wie so häufig wurde Michael telefonisch von seinen Freunden bedrängt, mit ihnen Marihuana zu besorgen. »Hey Michael, ich weiß, wo ich noch'n bisschen Zacken herkriegen kann … für günstig!«, klang es verlockend aus dem Hörer. Ich merkte ihm an, dass er eigentlich keine Lust dazu hatte, sich aber wie üblich doch überreden ließ. »Bitte geh nicht, mir geht es echt nicht gut«, bat ich ihn, zumal ich noch immer unter Nachblutungen litt. Vielleicht hatte die Episode in der Wohnung meiner Mutter ihr Übriges dazu beigetragen. Michael aber nahm meine Symptome auf die leichte Schulter. »Dann beeil Dich diesmal wenigstens, und komm schnell wieder«, nahm ich ihm immerhin das Versprechen ab, mich nicht länger als unbedingt nötig alleine zu lassen. Er willigte ein und machte sich auf den Weg. Enttäuscht blieb ich zurück, alleine mit mir und meinen Schmerzen und den Spaghetti, die ich gerade für uns vorbereitete, da das Mittagessen zuvor bei meiner Mutter ja ein jähes Ende gefunden hatte.

Zwei Stunden waren bereits vergangen, seit er aufgebrochen war. Meine Schmerzen wollten mich hingegen nicht verlassen. Stattdessen wurden sie immer stärker und manifestierten sich in reißenden Unterleibskrämpfen. Verängstigt lief ich aufs Klo, und dort ging es los. Blut schoss mir die Beine hinunter, und ich bekam Panik. Ich krümmte mich vor Schmerzen, während mir schlagartig kalt wurde und ich zu zittern begann. »Wo zum Teufel ist Michael?«, zischte ich vor mich hin und biss die Zähne fest zusammen. Aus heutiger Sicht schwer vorstellbar, aber Handys waren zu der Zeit noch nicht weit verbreitet, und ich hatte keine Möglichkeit, ihn zu erreichen. Also rief ich meine Mutter an, die glücklicherweise nur zehn Minuten entfernt wohnte und sofort zu mir kam. Mein Zustand verschlechterte sich weiter, und mein Körper versuchte inzwischen blutige Gewebeklumpen abzustoßen, was ich mit großem Entsetzen wahrnahm. Ich dachte, ich müsste verbluten! Besorgt rief meine Mutter daraufhin meinen Gynäkologen Dr. Oltenau an, der mich sofort in das nahe gelegene Flörsheimer Krankenhaus beorderte mit der Aussicht, ihn dort zu treffen. Ich fand aber trotzdem noch Zeit, einen gelben Post-it-Zettel von außen an die Wohnungstür zu heften. »Danke, dass Du mich alleine gelassen hast, Arschloch! Ich bin im Krankenhaus Flörsheim«, war darauf zu lesen.

Mit Krankenhäusern hatte ich damals noch keine großen Erfahrungen machen müssen, aber ich glaube, an Worte wie Notoperation, Ausschaben und Veröden gewöhnt man sich ohnehin nie. Nach meiner Fehlgeburt waren offenbar Teile der Plazenta nicht ordnungsgemäß abgegangen und hatten sich anschließend entzündet. Zu allem Überfluss musste ich mit einer in Eile geleisteten Unterschrift bestätigen, dass während des Eingriffs im Notfall die Gebärmutter entfernt werden darf. Mir war bewusst, dass diese Maßnahme zur Folge hätte, dass ich niemals Kinder bekommen könnte. Voller Angst und Panik lag ich auf dem kalten Operationstisch, bis schließlich die Narkose einsetzte und ich einschlief. Während der Operation verlor ich weiterhin viel Blut, was eine Bluttransfusion notwendig machte. Meine Gebärmutter konnte ich aber glücklicherweise behalten.

Unsanft wurde ich durch das Ziehen des Tubus aus der Bewusstlosigkeit gerissen, doch richtig wach wurde ich dadurch nicht. War ich tot? »Falls ich tot bin, dann bin ich wenigstens im Himmel«, lächelte ich in mich hinein. Über mich gebeugt stand nämlich eine Nonne, die ich zunächst für einen Engel hielt. Sie hatte schneeweiße Haare, war ganz in Weiß gekleidet, und um ihren Hals baumelte ein großes, goldenes Kruzifix direkt vor meinem Gesicht. Sanft streichelte sie meinen Kopf und gab mir mit ruhiger Stimme zu verstehen, dass alles gut werden würde. Doch etwas stimmte nicht. »Wenn ich wirklich im Himmel bin, wieso habe ich dann Schmerzen?«, dämmerte es mir, und tatsächlich: Ich war nur allzu lebendig und befand mich im Aufwachraum des Krankenhauses.

In meinem stationären Krankenhauszimmer warteten Michael und meine Mutter bereits auf mich. Er war zwischenzeitlich nach Hause gekommen, hatte meine Nachricht entdeckt und sich auf den Weg ins Krankenhaus gemacht. Ich war maßlos enttäuscht von ihm, und das ließ ich ihn auch wissen. »Mal wieder waren Deine falschen Freunde wichtiger als ich, das kann so nicht weitergehen«, konfrontierte ich ihn trotz meines erschöpften Zustandes mit meinen Gedanken. Michael entschuldigte sich und besuchte mich daraufhin jeden Tag im Krankenhaus, bis ich entlassen wurde. Doch auch die Zeit auf der Station hinterließ ihre Spuren. Kaum ein Wort sagte ich während meines Aufenthaltes. Meine Bettnachbarin, eine eigentlich nette junge Frau, lag dort mit vorzeitigen Wehen. Schon bald würde sie ihr Kind zur Welt bringen, während der Vater voller Vorfreude und Fürsorge aktiv an ihrem Zustand teilhatte. Wie auf einer Gynäkologie üblich, kamen ohnehin ständig neue Babys auf die Welt, die sich lauthals Gehör verschafften und meinen Verlust unabsichtlich immer realer werden ließen. Meine Gebärmutter hatte ich zwar behalten dürfen, trotzdem sollte zunächst unklar bleiben, ob ich in Zukunft Kinder haben könnte. Trotz Michaels Besuchen fühlte ich mich einsam. Jeder Babyschrei brach mir das Herz, und nach einer Weile konnte ich meine Bettnachbarin mit ihrem Mann nicht mehr ertragen und drehte ihr nur noch den Rücken zu.

Einige Monate gingen ohne größere Ereignisse ins Land, doch unsere Beziehung war nicht mehr dieselbe. Sie endete konsequenterweise am Nikolaustag desselben Jahres. Michael wollte mich zu Hause absetzen und parkte den leidgeprüften grünen VW Derby vor meiner Wohnung. Er konnte spüren, dass etwas nicht stimmte, und fragte, was los sei. »Ich kann das alles nicht mehr«, erwiderte ich mit trauriger Stimme. »Ich brauche jemanden, auf den ich mich verlassen kann, der da ist, wenn es darauf ankommt. Jemand, der sich seinen Problemen stellt und nicht einfach in den Tag hineinlebt und sich nicht von seinen falschen Freunden belabern lässt«, offenbarte ich ihm meine Gefühle. Traurig sah er mich an »Bitte, tu das nicht, Missy, ich liebe Dich doch!«, entgegnete er. »Liebe ist aber nicht unser Problem«, sagte ich und ließ den Kopf sinken. Daraufhin öffnete er das Handschuhfach und zog eine VHS-Kassette heraus. »Das ist Dein Nikolausgeschenk, Missy«, sagte Michael und hielt sie mir hin. Es handelte sich um »Ein Schweinchen namens Babe« und war tatsächlich mein Lieblingsfilm in diesem Jahr. Das machte die Situation natürlich nicht leichter, aber ich war fest entschlossen, die Sache zu beenden. Ich verdrückte eine Träne, umarmte Michael noch einmal und verließ sein Auto. Wir blieben anschließend eng befreundet, aber unsere Zeit als Paar war an diesem Nikolaustag für immer vorbei. Nun war ich also erst einmal wieder alleine, und wer mich kennt, weiß, dass ich diesen Zustand nur schwer ertragen kann.

Ein halbes Jahr später sollte es ein schöner Abend mit meiner Dorfclique aus Lorsbach werden. Ich hatte nach der Trennung wieder mehr Zeit, mich meinen langjährigen Jugendfreunden zu widmen, die ich in den vergangenen Jahren meiner intensiven Beziehung mit Michael stark vernachlässigt hatte. Wie für einen Borderliner üblich, war ich damals, sogar noch mehr als heute, sehr eifersüchtig und vereinnahmend. Jedenfalls war ich voller Vorfreude auf einen gemütlichen Abend in einem American Diner im Stil der 50er-Jahre, genannt *Chevy's*. Damals konnte ich es mir noch nicht leisten, meine Familie und Freunde in den USA regelmäßig zu besuchen, da kam mir ein saftiger Burger in der vertrauten Atmosphäre von *Rock-'n'-Roll*-Musik, rot gepolsterten Bänken, *Checkerboard*-Fußboden und unzähligen Blechschildern an der Wand gerade recht, um mein omnipräsentes Heimweh etwas zu lindern. Ein paar Cocktails befeuerten die gute Atmosphäre, und es war zunächst ein geselliger Abend unter Freunden.

Trotzdem gab es zwei Dinge, die mich zunehmend störten und meine Stimmung langsam, aber sicher umschlagen ließen.

Grund Nummer eins war mein guter Freund Stefan, der mich an dem Tag auch abgeholt hatte, da ich zu diesem Zeitpunkt noch immer kein Auto besaß. Wie so häufig in den Freundschaften zwischen Mann und Frau entwickeln sich auf einer Seite irgendwann Gefühle, die von dem oder der anderen zumeist nicht erwidert werden, und schon ist alles kompliziert und die unbeschwerte Freundschaft in akuter Gefahr. So war es auch bei Stefan und mir. Seit meiner Trennung von Michael machte er mir Avancen, was mir zunehmend auf die Nerven ging. Ich brauchte gerade keine neue Beziehung, sondern einen guten Freund! Das war Stefan aber nicht genug. Diese beiden Positionen lagen unausgesprochen in der Luft, während ich immer wieder seinen Blick auf mir spürte.

Grund Nummer zwei belastete mich allerdings auf einer viel nachhaltigeren und tieferen Ebene. Ebenfalls mit am Tisch war Christina. Wir waren beide Teil derselben Clique, standen uns aber nicht besonders nah, sondern waren eher locker befreundet. An diesem Abend im Diner störte mich jedoch ein nicht zu übersehendes Detail an ihr: Sie war hochschwanger mit ihrem ersten Kind und stellte ihren enormen Bauch dreist zur Schau. Zumindest empfand ich das so vor dem Hintergrund meiner Fehlgeburt. Natürlich drehten sich die Gesprächsthemen für meinen Geschmack viel zu sehr um ihre Schwangerschaft und darum, wie glücklich sie in ihrer Beziehung zu Kai war, der ebenfalls mit am Tisch saß. Nach dem dritten Cocktail war meine Stimmung im Keller, und ich wollte nur noch nach Hause. Auch den anderen war meine krasse Stimmungsschwankung nicht entgangen, und die besorgten Fragen, was denn mit mir los sei, machten es nicht besser. Ausweichend beteuerte ich, nur müde zu sein, und kündigte an, mir ein Taxi rufen zu wollen. Stefan witterte seine Chance, mir etwas Gutes tun zu können, und ließ sich nicht davon abbringen, mich nach Hause fahren zu wollen. Genervt gab ich schließlich nach und willigte widerwillig ein.

Stefan war ein lieber Kerl und meinte es sicher nur gut. Dennoch war es definitiv der falsche Zeitpunkt, mich in Gespräche über eine mögliche Beziehung zu verwickeln und an mir herumzubaggern. Die Fahrt in seinem weißen Opel Astra Kombi wollte kein Ende nehmen, während er auf mich einredete. Plötzlich schrie ich ihn an: »ALLE WOLLEN IMMER NUR FICKEN! VERSTEHST DU NICHT, DASS ICH GERADE EINEN FREUND BRAUCHE UND KEINEN LIEBHABER? AUSSERDEM STEHE ICH NUN MAL NICHT AUF DICH!« Uff, das hatte gesessen und verfehlte seine Wirkung nicht. Stefan war still. »Na großartig!«, dachte ich mir, »jetzt habe ich auch noch ein schlechtes Gewissen.« Wütend drehte ich das Autoradio laut auf, schloss die Augen und lauschte Kurt Cobains eindringlichem Gesang.

Bei mir zu Hause angekommen, löste ich den Sicherheitsgurt und schaute zu Stefan, der meinen Blick nicht erwiderte. Wortlos stieg ich aus dem Auto, und Stefan brauste davon. Nun stand ich da. Kein Mann an meiner Seite, vielleicht nie wieder ein Baby in meinem Bauch und, wie ich in diesem Moment glaubte, keinen echten Freund auf der ganzen weiten Welt. Ich fing an zu weinen, stolperte in meine Wohnung und drehte laut Musik auf. Im Kühlschrank fand ich eine Flasche Puschkin Red, ließ mich auf den blauen Laminat-Fußboden sacken und fing an zu trinken. Ich musste an Michael denken und eine gemeinsame Zukunft, die es niemals geben würde. Es war gar nicht so lange her, da sahen wir gemeinsam unser Baby, das einmal unser Sohn hätte werden sollen, auf dem Ultraschallbild. Ich vermisste das wohlig warme Gefühl, das dieser Anblick damals in mir ausgelöst hatte. Nun waren nur noch Einsamkeit, Kälte und Leere übrig. Das hochprozentige, bappigsüße Gesöff hielt meinem Kummer nicht lange stand. Ich konnte das Gefühl von Leere nicht länger ertragen und hatte nur noch das Ziel, mich zu betäuben und nichts mehr zu fühlen. Ich fand eine angebrochene Flasche Tequila und außerdem meine Notfallmedizin an Valium, die ich für den Fall einer Panikattacke immer in Reichweite aufbewahrte. Eine toxische Mischung, die ihre Wirkung nicht verfehlte. Ich konnte spüren, wie mein Bewusstsein unter der Last von Alkohol und Beruhigungsmitteln der Sehnsucht nach Stille nachgab. Es war ein verlockend warmes und intensives Gefühl. Ich hatte keine Angst mehr und wollte diesem Lockruf nur noch folgen. Dann wurde alles schwarz.

Etwas riss mich zurück aus der schwarzen Stille. Es blieb dunkel, aber ich spürte die Auswirkungen eines dumpfen Schlages, als steckte mein Kopf in einem mit einer zähen Flüssigkeit gefüllten Plastikeimer, auf den man mit einem Vorschlaghammer eingedroschen hatte. Ich empfand keinen Schmerz, aber die Druckwelle des Schlages pulsierte langsam von den äußeren Bereichen meines Schädels hinunter zu meinem Stammhirn. Tatsächlich war es meine Mutter, die mir eine schallende Ohrfeige verpasst hatte, um mich zurück ins Bewusstsein zu holen. Ein Krankenwagen wurde gerufen, aber erst nachdem man mir im Krankenhaus eine Spritze gesetzt hatte, um meinen Kreislauf zu stabilisieren, kam ich teilweise wieder zu mir. Um mich herum wurde emsig gearbeitet, was ich nur schemenhaft wahrnehmen konnte. Sämtliche Geräusche waren noch immer weit weg. Eine Infusion mit Kochsalzlösung wurde mir gelegt, und ein EKG lief zu meiner Überwachung, als sie begannen, mir den Magen auszupumpen. Ich war am Leben!

Als ich auf Station in meinem Zimmer ankam, warteten dort bereits meine Mutter und Stefan auf mich. Er war es nämlich, der noch einmal zurückgekehrt war, weil er etwas in meiner Wohnung vergessen hatte, das er für die Arbeit benötigte. Als er nur laute Musik hörte und ich nicht reagierte, rief er meine Mutter, die glücklicherweise einen Schlüssel hatte. Stefan hatte Tränen in den Augen, während mir meine Mutter aufgeregt Vorwürfe entgegenbrachte. »Myriam, wie kannst Du mir so etwas antun?«, sagte sie immer wieder, als hätte ich mich totsaufen wollen, um sie zu ärgern. Ich hingegen fühlte mich körperlich erschöpft, mental glich ich einem leeren Blatt Papier. Irgendwie war ich froh, am Leben zu sein, begriff aber die Tragweite meiner Aktion und die Auswirkungen auf den Rest meines Lebens nicht einmal im Ansatz.

Die Klinik durfte mich ganze 72 Stunden lang festhalten. Währenddessen wurde eine psychologische Evaluation vorgenommen. Wird in dieser Zeit festgestellt, dass vom Patienten keine unmittelbare Gefahr für sich selbst ausgeht, wird man entlassen. Da ich nach Hause wollte und nicht auf den Kopf gefallen war, sagte ich den Ärzten mehr oder weniger, was sie hören wollten: »Es tut mir leid! Ich bereue, was ich getan habe! Es wird nicht wieder vorkommen! Ich bin doch eigentlich gerne am Leben!«

1.3 Was bleibt

Auch wenn insbesondere der letzte Satz »Ich bin doch eigentlich gerne am Leben« tatsächlich der Wahrheit entspricht, blieb von meinem Selbstmordversuch vor allem eines bis heute bestehen: die Angst vor mir selbst. Meine Handlung klassifiziert man als sogenannten »sanften Suizidversuch«. Das bedeutet, dass ich mir keine direkte körperliche Gewalt angetan habe, wie etwa mit einem Messer oder einer Pistole. In so einem Fall spricht man von »hartem Suizidversuch«. Selbst nach Jahren der Therapie habe ich heute immer wieder dunkle Gedanken, die mich auch für den Rest meines Lebens begleiten werden. Für gesunde Menschen ist das unverständlich. Ja, ich habe ein Dach über dem Kopf, zwei gesunde Kinder, einen Mann, der mich liebt, und einen erfüllenden Job. Doch immer, wenn es zu lange leise um mich herum wird und ich kein Ventil mehr habe, um meine Dämonen auf Abstand zu halten, drohen sie mir, mich an einen Ort zu bringen, an dem diese Argumente plötzlich nicht mehr zählen.

Mein Vater nahm sich mit 31 Jahren das Leben. Obwohl ich ihn nie wirklich kennenlernen durfte, habe ich durch meine genetische Disposition eine tiefe Prägung verschiedener psychischer Störungen davongetragen. Dazu gehört auch die Suizidalität. Nach meinem ersten Suizidversuch folgten über die Jahre noch einige weitere. Mal fügte ich mir Zögerungsschnitte zu, mal nahm ich Tabletten und entschied mich dann doch, sie wieder hochzuwürgen. Es gibt auch zahlreiche Fälle von parasuizidalem Verhalten, das heißt, ich nahm mehrfach in Kauf, etwas zu tun, was vielleicht tödlich hätte enden können. In meinem Fall verschwimmen hierbei allerdings die Grenzen zu dem durch die Borderline-Persönlichkeitsstörung verursachten selbstverletzenden Verhalten.

Die Fragen, die ich mir am Anfang dieses Kapitels stellte, kann ich noch immer nicht beantworten: Hätte ich etwas tun können, um Michael zu helfen? Ich weiß es nicht! Aber ich hätte sicher geduldiger und aufmerksamer zuhören können. Schließlich geht es auch für mich genau darum: Die Angst, nicht laut genug zu sein, wenn es darauf ankommt, und am Ende nicht gehört zu werden. Durch Michaels Tod ist diese Befürchtung wieder präsent, und mir wird einmal mehr bewusst, wie erschreckend angenehm und warm die Gedanken daran sein können, seinem eigenen Leben ein Ende zu setzen. Ich selbst kann die Gefahr schmälern, indem ich in dunklen Momenten einen möglichst klaren Kopf bewahre und beispielsweise nicht zu Alkohol greife. Im ersten Moment verspricht dieser zwar die Illusion von Linderung, in Wahrheit drückt er Dich aber nur tiefer in den Kaninchenbau, bis Du den Weg selbst nicht mehr herausfindest. Ich finde Trost in der Tatsache, dass ich über Jahre gelernt habe, meine Ängste offen und klar gegenüber meinen Vertrauenspersonen zu artikulieren. Ich weiß aber auch, dass sich dieser Mechanismus aufseiten dieser Personen abnutzen kann. Das ist nicht verwerflich, sondern menschlich und eine Herausforderung für alle Beteiligten.

PANIK

Kapitel 2

2.1 Die Gegenwart

Die Botschaft von Michaels Tod hängt wie eine dunkle Wolke über den letzten Urlaubstagen mit Benny. Auch die Jetlag-belastete Rückkehr nach Deutschland würde direkt im Zeichen unseres großen Umzuges von Flörsheim nach Limburg stehen. Kein Grund zur Vorfreude! Vier Tage vor unserem Rückflugtermin ereilt mich allerdings die nächste Hiobsbotschaft. Mein sechs Jahre älterer Bruder Boris ruft mich völlig aufgelöst an und erzählt mir, dass er nahezu erblindet sei. 2020 ist noch keine zwei Wochen alt und kann von mir aus gerne direkt wieder Leine ziehen! Boris befindet sich aktuell in einem Krankenhaus in der Nähe von Austin, Texas. Eine genaue Diagnose steht noch aus, im Moment kann er aber nur verschwommene Schleier und Lichtpunkte wahrnehmen. Mein Bruder ist ein großer und starker Kerl, am Telefon aber klingt er ziemlich verzweifelt und hilflos und bittet mich, ihm beizustehen. Das würde jedoch bedeuten, dass Benny mit meiner Mutter nach Hause fliegen muss, die zurzeit noch in Vancouver bei meinem anderen Bruder Andy verweilt, bei dem wir auch die Weihnachtsfeiertage verbracht haben. Außerdem müsste Benny den

Umzug ohne mich stemmen. Das größte Problem wäre allerdings: Ich kann die Reise von Seattle nach Austin unmöglich alleine schaffen …

Boris und ich sind uns relativ nah, vermutlich so nah, wie man sich sein kann, wenn ein ganzer Ozean zwischen einem liegt. Er ist ein Paradebeispiel für »harte Schale – weicher Kern«. Ein bisschen erinnert er mich an Bradley Cooper im Film »*A Star is Born*«. Lange Haare, Bart, breite Statur und Biker-Style prägen den ersten optischen Eindruck. Verbringt man etwas mehr Zeit mit Boris, lernt man einen empfindsamen und verletzlichen Menschen kennen, der genau wie ich mit vielen Problemen durchs Leben geht. Erst im Erwachsenenalter haben wir durch die Möglichkeit zu reisen und die modernen Kommunikationsmittel wieder einen engeren Kontakt aufbauen können. Aufgewachsen sind wir getrennt voneinander bei unseren jeweiligen Müttern – Boris in Texas, ich in Kalifornien. Durch den frühen Suizid unseres Vaters gab es kein Bindeglied, das uns schon als Kinder hätte vereinen können. Heute haben wir regelmäßig Kontakt, und ich liebe meinen Bruder sehr.

Nun schlagen zwei Herzen in meiner Brust. Einerseits möchte ich Benny mit dem Umzug nicht alleine lassen und mit ihm zurück nach Deutschland fliegen. Andererseits möchte ich für meinen Bruder da sein, auch wenn ich noch nicht genau weiß, wie ich das anstellen soll. Durch Michaels Tod hat sich in den letzten Tagen zudem das Gefühl, versagt zu haben, manifestiert. Das soll mir nicht noch einmal passieren. Ich will meinem Bruder beistehen. Da Benny neben dem Umzug auch noch berufliche Verpflichtungen in Deutschland hat, ist es für ihn unmöglich, länger in Amerika zu bleiben und mit mir nach Texas zu reisen. Ich versuche trotzdem, ihn irgendwie für meine Sache zu gewinnen, muss aber leider aufgeben.

Fast mein ganzes Leben lang leide ich unter Panikattacken, weshalb ich nicht lange alleine sein kann, schon gar nicht in solch einer Situation. Idealerweise habe ich eine Person in meiner Nähe, der ich vertraue und die es versteht, mir zu helfen, meine Panik einzudämmen. Zudem sind Panikattacken deutlich unwahrscheinlicher, wenn ich jemanden bei mir habe. Ein Telefonat später habe ich glücklicherweise die Lösung für mein Problem: meine neue Assistentin Franzi. Wobei »neue Assistentin« nicht ganz akkurat ist, ihre Anstellung sollte nämlich erst nach meiner Rückkehr nach Deutschland erfolgen und mich anschließend bei meiner Arbeit für FUCK CANCER entlasten. Persönlich getroffen haben wir uns erst zweimal, aber immerhin stellt diese Situation die perfekte Bewährungsprobe für sie dar. Es ist sicher nicht leicht, meine Assistentin zu sein!

Am Tag von Bennys Abreise ist mein Herz schwer wie immer, wenn wir uns länger nicht sehen werden. Gerade jetzt bräuchte ich ihn an meiner Seite, aber jemand muss schließlich zu Hause die Stellung halten. Franzi würde erst einen Tag später anreisen, und ja, selbst für diese kurze Zeit brauche ich in dieser Situation Beistand. Es ist nicht schön, so abhängig von anderen Menschen zu sein, und ich komme mir vor wie eine Bürde. Aber selbst für diesen Übergang kann mein darauf konditionierter Verstand eine Lösung bereitstellen, und eine überaus angenehme noch dazu. Mein Patenkind Jasmine steigt in den nächsten Flieger und besucht mich für zwei Tage. Jasmine ist 17, lebt in meiner alten Heimat Kalifornien bei ihrer Oma und ist die Tochter meiner verstorbenen besten Freundin Ramona. Ich genieße ihre Gegenwart, insbesondere, weil sie mich so sehr an Ramona erinnert. Um unser Wiedersehen zu feiern, essen wir in Ramonas Lieblingsrestaurantkette »Olive Garden« zu Abend, schauen anschließend einen Horrorfilm und quatschen die halbe Nacht.

Am nächsten Tag hole ich Franzi vom Flughafen in Seattle ab. Sie ist eine zierliche Person von 36 Jahren mit alternativem Stil. Ihre ruhige und organisierte Art soll das dringend benötigte Yin zu meinem chaotischen Yang darstellen. Für Franzi bedeutet die Situation direkt nach ihrer Ankunft trotzdem eine echte Feuertaufe. Ich bin emotional total überfordert und weine viel. Michaels Tod hängt mir nach, ich vermisse Benny und mache mir große Sorgen um Boris, dessen Zustand sich nicht bessert. Da ich an starker Flugangst leide und ein Flugzeug nur besteige, wenn es erstens keine andere Möglichkeit gibt und ich zweitens jemanden an meiner Seite habe, dem ich vertraue, bleibt Franzi und mir nur die Möglichkeit eines Roadtrips. Da ich außerdem nicht durch die mir gänzlich unbekannten Flyover-Staaten Idaho, Utah und Colorado fahren möchte, führt uns unsere Reise stattdessen über Oregon, Kalifornien, Arizona und New Mexiko. Das bedeutet eine Nettofahrzeit von 37 Stunden bei einer Distanz von etwa 2500 Meilen, was über 4000 Kilometern entspricht. Oje, worauf hatte ich mich da nur eingelassen? Aktuell bin ich nah am Wasser gebaut und muss häufig weinen. Meistens bemerke ich dabei, dass Franzi ratlos oder gar verzweifelt wirkt. Sie möchte mich sicher gerne trösten, weiß aber, dass sie mich aufgrund meiner Zwänge nicht anfassen darf. Na prima, was bin ich für eine tolle Chefin. In so einem Zustand ist auch die erste Panikattacke nicht weit.

Unseren ersten Zwischenstopp inklusive Übernachtung legen wir in Grants Pass, Oregon, kurz vor der kalifornischen Grenze ein. Mitten in der Nacht wache ich schweißgebadet auf, mein Herz schlägt mir bis zum Hals, und mir ist schwindelig – für mich inzwischen *business as usual.* Ich weiß intuitiv, dass es sich um eine Panikattacke mittlerer Schwere handelt. Unterschätzen sollte ich sie also zumindest nicht. Wir befinden uns in einer Airbnb-Wohnung. Franzi schläft im Zimmer nebenan, aber ich zögere, bei ihr zu klopfen. Ich will sie nicht direkt mit der vollen Breitseite meiner Psychoattacken konfrontieren. Dafür habe ich sie zwar eingeflogen, aber für den Moment reicht es mir zu wissen, dass jemand in der Nähe ist. Noch will ich mir diese Blöße nicht geben. Ich nehme ein Plättchen meiner Bedarfsmedizin Tavor zu mir und anschließend einen Schluck eiskalte Cola, um einen anderen Reiz zu setzen, wie ich es viele Male zuvor getan habe. Ich öffne das Fenster, wandere unruhig im Zimmer auf und ab und versuche an die beruhigende Stimme meines Mannes zu denken, mit der er mich schon so häufig abgelenkt hat. Nach etwa 20 Minuten ist der Spuk vorbei. An Schlaf ist erst einmal nicht zu denken, also schalte ich den Fernseher ein und schaue noch weiter eine meiner Netflixserien, bis ich wieder einschlafen kann. Erst am nächsten Morgen erzähle ich Franzi bei einer ersten Tasse Kaffee von meiner Panikattacke. Ihre Reaktion ist besonnen. Ohne Vorwürfe weist sie mich darauf hin, sie das nächste Mal wecken zu dürfen, falls mir danach sei. Ich glaube, mit ihr habe ich einen guten Fang gemacht. Nach dem Frühstück geht die Reise weiter.

Eine zweite Pause legen wir in Los Angeles ein. Wie ich schon bei meinem letzten Besuch mit meinem Mann feststellen musste, hat die etwas schmuddelige Stadt sicher etwas vom Glanz vergangener Tage eingebüßt. Dennoch: Los Angeles wird nicht umsonst die Stadt der Engel genannt. Ich muss an den gleichnamigen Film mit Nicolas Cage denken, insbesondere an die Szene, in der sich die Engel bei Sonnenauf- und -untergang am Strand einfinden, um der Musik zu lauschen, die Gott nur für sie spielt. Da im fernen Deutschland zwischenzeitlich Michaels Beisetzung stattfindet, an der ich nicht teilnehmen kann, beschließe ich, an diesem symbolträchtigen Ort nun selbst Abschied zu nehmen. Ich suche mir eine einsame Stelle am Strand von Malibu bei Sonnenuntergang. Das

Zwielicht taucht die Szenerie in ein unwirkliches Ambiente und scheint die Grenze zwischen Diesseits und Jenseits einen Spalt breit und einen Wimpernschlag lang zu öffnen. Der Strauß weißer Rosen in meiner Hand wiegt schwer, und ich beiße mir auf die Unterlippe. Tränen stehen mir in den Augen, und ein letztes Mal spreche ich Michael direkt an. Ich sage ihm, wie leid es mir tut, dass ich ihm nicht helfen konnte, und danke ihm, dass er mir damals vor rund 25 Jahren das erste Mal gezeigt hat, was echte Liebe ist. Ich bete dafür, dass er nun an einem Ort ist, an dem die Aussichtslosigkeit und Schwere wieder der Leichtigkeit weichen kann, die ihn einst umgab und ausmachte. Mit diesen Worten und Gedanken übergebe ich die Rosen dem Pazifik, der sie sanft davonträgt. Noch eine ganze Weile schaue ich ihnen hinterher, während ich still Abschied nehme. Durch dieses Ritual ist das Kapitel Michael für mich nicht abgeschlossen. Vielmehr ist es ein erster wichtiger Schritt und damit der Anfang meiner Trauerarbeit. Vergessen werde ich Michael nie.

Die folgende Nacht verbringen wir in La Palma, Orange County, das direkt an Los Angeles angrenzt. Das Virus, von dem wir immer wieder in den Nachrichten hören, hat inzwischen einen Namen: Coronavirus. Gerade noch war es weit weg in China, aber schon heute befindet es sich quasi direkt vor unserer Haustür in Orange County. Hier sind heute die beiden ersten Patienten positiv auf Corona getestet worden. Noch immer ist wenig bekannt über Übertragungswege und Sterblichkeitsrate, und genau durch diese Unsicherheit haben meine Phobien leichtes Spiel, mich jeden Türgriff und jeden hustenden Menschen als potenzielles Risiko einstufen zu lassen. Wir besorgen uns Mund-Nasen-Masken in der nächsten Apotheke und beobachten tatsächlich die ersten anderen besorgten Menschen, die es uns gleichtun. Handdesinfektionsmittel trage ich ja ohnehin immer bei mir. Alleine durch das Bild von Menschen mit Masken im Gesicht herrscht eine unangenehme, postapokalyptische Atmosphäre in den Straßen. Stehen wir am Anfang einer globalen Pandemie, wie wir sie sonst nur aus Filmen kennen? Was ist, wenn wir gar nicht zurück nach Deutschland fliegen können? Aber es hilft nichts, zunächst geht unser Roadtrip weiter.

Inzwischen sind wir in der Wüstenlandschaft von Arizona angekommen, genauer gesagt in Tucson. Immerhin kann ich die Gelegenheit nutzen, meinen alten Freund Timothy wiederzusehen. Tim kenne ich aus seiner Zeit in der Armee, die er unter anderem in Wiesbaden stationiert verbrachte. Es war damals sicher der bessere Teil seiner Zeit in der US Army. Noch heute schwärmt er von deutschem Bier. Damals musste er Deutschland verlassen, weil er in den Irak verlegt wurde. Nur ungern spricht er über diese Zeit, und bis heute leidet er unter posttraumatischem Stress. Er lebt sehr zurückgezogen und genügsam in einer kleinen Wohnung und arbeitet selbstständig von zu Hause aus als Softwaretester, hauptsächlich für Smartphone-Spiele. Er zahlt ausschließlich mit Bargeld und besitzt keine Kreditkarte, was in den USA nur schwer umsetzbar ist. Das Vertrauen in sein Land wurde bis in die Grundfesten erschüttert. Mit Armee und Krieg will er sowieso nie wieder etwas zu tun haben. Er war zwar schon immer ein eher schüchterner Typ gewesen, aber ein derart isoliertes Leben zu führen ist aus meiner Sicht traurig. Eine gute Zeit haben wir an diesem Abend trotzdem, und wir können viele Anekdoten austauschen, während wir in der Cobra Arcade Bar ein paar Münzen an die alten Videospiel-Automaten verlieren. Ich glaube, uns beiden tut es gut, mal einen Abend lang etwas Zerstreuung zu finden.

Nach einer weiteren Nacht in einer Airbnb-Unterkunft führt uns die letzte Zwischenetappe nach El Paso, Texas, direkt hinter der Grenze New Mexikos. Die Zahl der zurückgelegten Meilen lastet inzwischen schwer auf mir. Der eigentlich bequeme Dodge Minivan vermag es nicht, mir länger Komfort zu suggerieren, und die täglichen Panikattacken fordern ihren Tribut. Vielleicht habe ich mir und meinem Umfeld diesmal zu viel zugemutet. In El Paso waren Benny und ich erst letztes Jahr im Urlaub gewesen und hatten eine sehr schöne Zeit verbracht, obwohl die Stadt, von welcher aus man nach Mexiko hinüberschauen kann, selbst gar nicht sonderlich positiv hervorsticht. Er fehlt mir, und obwohl es nur ein paar wenige Tage her ist, seit er sich auf den Weg nach Vancouver gemacht hat, kommt es mir bereits wie eine halbe Ewigkeit vor. Inzwischen ist er mit meiner Mutter sicher in Deutschland gelandet und trifft die letzten Vorbereitungen für unseren Umzug. Ich helfe ihm von hier aus so gut ich kann, organisiere Dinge und habe sogar ein paar Leute für den Tag engagiert. Niemand kann die Lücke füllen, die mein Mann mit seiner Abwesenheit in mir hinterlässt. Umso dankbarer bin ich Franzi, dass sie sich bereit erklärt hat, diese Reise auf sich zu nehmen. Inzwischen lasse ich sie den Mietwagen fahren, was für mich nicht selbstverständlich ist, denn – wer hätte es gedacht – ich bin natürlich auch eine schlechte Beifahrerin. Bei unserer Ankunft in Austin müsste ich eigentlich glücklich sein, endlich am Ende unserer Odyssee angekommen zu sein, doch ich fühle mich erschöpft und leer. Franzi legt mir vorsichtig die Hand auf die Schulter und lächelt mich an. »Lass uns mal gucken, wie es Deinem Bruder geht«, höre ich sie sagen.

Aufgrund meiner eigenen Krankengeschichte fühle ich mich immer sehr unwohl in Krankenhäusern, und das St. David's South Austin Medical Center macht für mich keine Ausnahme.

Aber wer entgegen allen Widerständen so weit gereist ist, der nimmt jetzt die letzten Meter, ohne sich groß zu beklagen. Die Wiedersehensfreude überwiegt dann auch die Erschöpfung und Ängste, und wir fallen uns glücklich in die Arme. Sein Zustand hat sich zwischenzeitlich leicht verbessert, eine belastbare Diagnose gibt es aber auch nach zahlreichen Tests noch immer nicht. Der Beinahe-Verlust des Augenlichts ohne echte Perspektive aufgrund fehlenden Befundes muss sehr zermürbend für Boris sein. Ich merke, wie fragil er ist, und höre die Angst in seiner Stimme. In den kommenden Tagen verbessert sich sein Zustand zunehmend durch die Gabe von Cortison und eine Punktion des Hirnwassers, um den Druck zu mildern. Ganz weggehen wollen die Schlieren vor seinen Augen jedoch nicht. Mein Bruder wäre aber nicht mein Bruder, wenn er ab diesem Zeitpunkt die ganze Sache trotz seiner Ängste nicht etwas zu sehr auf die leichte Schulter nehmen würde. Nicht nur einmal halte ich ihm einen Vortrag, weil er sich auf eigene Verantwortung vorzeitig selbst entlassen möchte oder sich heimlich rausschleicht, um zu rauchen, was sich negativ auf seinen Blutdruck auswirkt. Aber dafür ist eine kleine Schwester am Ende eben auch da! Natürlich kann ich ihm medizinisch nicht wirklich helfen, aber ich bin froh, ein paar Tage an seiner Seite sein zu können, auch wenn der Aufwand gigantisch war. Ich weiß schließlich, wie es ist, wenn man alleine ist und panische Angst hat.

2.2 Die Vergangenheit

Seit meinem 16. Lebensjahr leide ich an Panikattacken. Aber erst 2004, mit 27 Jahren, begannen sie für eine ganze Weile mein Leben zu dominieren. Damals kam für mich einiges zusammen. Meine Krebsdiagnose aus 2002 inklusive zahlreicher Operationen gipfelte ein Jahr später in der gefürchteten halbseitigen Vulvektomie, die mich nachhaltig traumatisierte. Unter dieser Belastung scheiterte im selben Jahr auch der zweite Versuch meiner Beziehung mit Chris, Vater meines erstgeborenen Sohnes Dorian. Ich nahm mir eine kleine Wohnung in Taunusstein ganz in der Nähe von Chris, damit wir uns abwechselnd und ohne großen logistischen Aufwand um Dorian kümmern konnten. Da ich damals im Servicebereich bei IKEA in der Reklamation arbeitete, konnte ich mir meine Wohnung trotz meiner begrenzten finanziellen Möglichkeiten durch Mitarbeiterrabatte und die berühmte Fundgrube angemessen wohnlich einrichten und für Dorian und mich ein schönes Zuhause schaffen. Dennoch verbrachte ich viel Zeit in Lorsbach im Haus meiner Tante und meiner geliebten Oma, die dort zusammen wohnten. Meine Oma war schon immer so etwas wie eine zweite Mutter gewesen, ein Zufluchtspunkt, auf den ich mich stets verlassen und bei der ich mich komplett fallen lassen konnte. Wie meine Mutter hatte sie unzählige Sommersprossen, aber keine roten, sondern braune Haare, die auch im Alter nicht grau werden wollten. Sie trug stets eine grüne Kittelschürze und hatte gütige, freundliche Augen. Ihr auffälligstes Attribut aber waren ihre Hände. Diese waren unnatürlich groß und gezeichnet von jahrzehntelanger, harter Arbeit in ihrer Gärtnerei. Für ihre 81 Jahre war sie, von den alterstypischen Einschränkungen abgesehen, noch wirklich gut beisammen. Vor einiger Zeit war jedoch ein Aneurysma an ihrer Aorta festgestellt worden. Ein eigentlich ernster Umstand, den ich aber ebenso verdrängte wie die weiterhin schwelende Bedrohung meiner Krebserkrankung.

Am 8. April 2004 war ich, wie so häufig, bei meiner Oma. Sie wirkte schon den ganzen Tag etwas rastlos, fast melancholisch, und bestand darauf, mir Geschirr für meine Wohnung mitzugeben. Bevor ich mich auf den Weg zurück nach Taunusstein machte, rauchten wir noch eine Zigarette zusammen. Nachdem das Aneurysma diagnostiziert worden war, hatte sie versucht, mit dem Rauchen aufzuhören. Aber nach über 50 Jahren intensiven Rauchens sagte ich ihr, dass die Bedrohung durch den kalten Entzug für den Körper vermutlich größer gewesen wäre als der tatsächliche Nutzen. Ich konnte es nicht zuordnen, aber neben dem Geschirr hatte ich ein ungutes Gefühl im Gepäck, als ich in den Rückspiegel blickte und meine Oma sah, wie sie winkend an ihrem weißen Gartentor stand. Zuvor hatte ich meiner Oma noch meine Handynummer auf einem Zettel notiert und diesen auf den Küchentisch gelegt. Sie hätte meine Nummer eigentlich haben müssen, aber ich dachte mir, falls es mal schnell gehen muss, sollte sie nicht erst ihre alte Rollkartei durchforsten müssen. Man weiß ja nie!

Die zwanzigminütige Fahrt nach Hause verbrachte ich mit irgendeinem unwichtigen Telefonat. Zu Hause angekommen, hatte ich gerade noch Zeit, das Geschirr in meine Wohnung zu tragen, bevor mein Handy wieder klingelte mit der Telefonnummer meiner Oma auf dem Display. Zu meiner Überraschung meldete sich aber eine Männerstimme: »Myriam, bist Du es? Ich habe Deine Handynummer vom Zettel auf dem Küchentisch Deiner Oma. Deine Oma liegt hier tot auf der Couch.« Ohne die Stimme meines Arztes in diesem Moment zu erkennen, fuhr ich ihn an: »Wer auch immer Sie sind und wo auch immer Sie diese Nummer herhaben, das ist nicht lustig!« »Jetzt hör mir doch zu, und bleib ganz ruhig. Hier ist Euer Hausarzt Dr. Wild. Du musst jetzt direkt herkommen, ich habe einen anderen Notfall, zu dem ich fahren muss«, versuchte er mir möglichst ruhig die Lage begreiflich zu machen. Ich war doch gerade noch bei ihr gewesen, wie konnte sie plötzlich tot sein? Es war, als würde mich eine Druckwelle auf die Knie drücken, und die Welt wurde für einen Moment dumpf, während die Zeit stillstand. Ich sammelte mich, so gut es ging, und rief Chris an mit der Bitte, mich zurück nach Lorsbach zu fahren.

»Gib doch mal Gas!«, brüllte ich ihn wenig später im Wagen an. Er versuchte ruhig zu bleiben und meine Ausbrüche zu ignorieren. Eine gefühlte Ewigkeit dauerte die Fahrt. Angekommen am Haus meiner Oma, war meine Mutter bereits dort. Meine Tante war zu diesem Zeitpunkt im Urlaub und nicht zu erreichen. Meine Oma befand sich im Wohnzimmer, und meine Mutter hatte sich noch nicht getraut, hineinzugehen. Auch ich weigerte mich zunächst. Draußen war es bereits dunkel, und es brannte kein Licht im Wohnzimmer, das aber indirekt durch den schwachen Schein des Flurlichts leicht erhellt wurde. Chris lugte vorsichtig hinein, ganz so, als wollte er niemanden stören, der dort gerade schlief. Dann fasste er sich als Erster ein Herz und betrat das Zimmer. Nach einem Moment der Stille sagte er, ich solle ihm ruhig folgen. Ich zögerte noch immer, nahm dann aber all meinen Mut zusammen und betrat das Wohnzimmer ebenfalls. Meine Oma lag friedlich auf der Couch, so als würde sie schlafen, in der einen Hand ein besticktes Stofftaschentuch. Auf dem Tisch stand ein halb entleertes Glas mit Multivitaminsaft, daneben die Flasche. Der Schraubverschluss lag direkt davor. Untypisch für meine Oma, die bei solchen Dingen stets genau war und eine Flasche Saft nie offen hätte stehen lassen. Vor dem Sessel, in dem sie wohl gestorben war, bevor der Arzt sie auf die Couch gelegt hatte, befand sich der türkisgrüne Gymnastikball, auf dem sie immer die Füße hochgelegt hatte. Dort nahm ich Platz und bewegte mich zunächst nicht vom Fleck. Ich konnte nicht zu ihr gehen und sie berühren. Das, was da lag, konnte doch nicht meine Oma sein! Ich weinte zwar, vorerst aber nur vor Wut, denn noch war die Situation für mich unwirklich und wollte die Endgültigkeit des Todes meiner Oma nicht so richtig preisgeben. »Wie kannst Du mich jetzt alleine lassen?«, schrie ich sie wütend an, ganz so, als ob sie, ohne mir vorher Bescheid zu sagen, auf unbestimmte Zeit verreist wäre. Mit dem Eintreffen des Bestatters änderte sich dieser Zustand. Das unbarmherzige Wohnzimmerlicht wurde eingeschaltet und enthüllte die grausame Realität unserer menschlichen Sterblichkeit. Ihre Fingernägel waren violett, ihre Haut blass-gelb eingefärbt. Aus ihrem leicht geöffneten Mund trat ihre Zunge hervor, und ihr Bauch hing stark angeschwollen etwas zur Seite, ausgelöst durch das geplatzte Aneurysma, was den Bauchraum mit Blut gefüllt hatte. Sie sah aus wie eine Wachspuppe. Meine Mutter begann hysterisch zu schreien, woraufhin ich davonstürzte und mich im Badezimmer einschloss, wo ich eine ganze Weile heulend auf der Kante der Badewanne saß, die Hände fest auf meine Ohren gepresst. Ein Satz meiner Mutter drang trotzdem zu mir durch: »Ihr könnt sie doch nicht einfach in einen Sack stecken.«

Kurze Zeit später wurde alles still. Ich verließ das Badezimmer und ging ins Wohnzimmer. Meine Oma war weg, und nur ihr Stofftaschentuch, das sie zuvor festgehalten hatte, lag einsam auf dem Boden. Ich nahm es an mich. Es fühlte sich an, als wäre ein Teil von mir an diesem Tag mit meiner Oma verstorben. Schlagartig funktionierten meine unbewusst einstudierten Verdrängungsmechanismen nicht mehr, und mir wurde klar, dass mein Leben fortan anders werden würde ohne diese Konstante. Außerdem fraß sich eine Erkenntnis vor dem Hintergrund meiner eigenen Krankheit tief in mein Bewusstsein: Es stirbt sich doch viel schneller, als ich bis jetzt wahrhaben wollte. Es war schließlich mein erster direkter Kontakt mit dem Tod. Auch die Wahrnehmung meines Zufluchtsortes änderte sich, denn selbst den bislang so vertrauten Geruch empfand ich nun als fremd, und das Haus erschien mir wie tot.

In den folgenden Tagen ließ mich der Gedanke nicht los, dass meine Oma alleine sterben musste. Hätte ich ihren Tod verhindern können? Nein, bestimmt nicht, aber immerhin wäre sie nicht alleine gewesen, auch wenn eine geplatzte Aorta für einen schnellen Tod spricht. Das Bühnenbild ihres Ablebens hatte ich mir unwillentlich bis ins Detail eingeprägt, und ich spielte in meinen Gedanken immer wieder durch, wie es sich wohl zugetragen haben musste. Der Abschied von mir, das Unwohlsein, das sie dazu bewogen haben musste, ihren Hausarzt anzurufen, das vorsorgliche Entriegeln der Tür und der Gang zum Kühlschrank, um das Glas Multivitaminsaft einzuschenken, spielten sich in Endlosschleife vor meinem geistigen Auge ab. Hatte sie Zeit, in Panik zu geraten, bevor es dann vorbei war? Hatte sie Angst? Auch die stilvolle und gut besuchte Beisetzung, die ich zum Großteil selbst organisiert hatte, vermochte es nicht, diese Gedanken abzustellen.

Zwei Wochen später lag ich auf der Couch und versuchte mich so gut es ging abzulenken. Wie an jedem Tag seit dem Tod meiner Oma hatte ich eine Flasche Rotwein geöffnet, um meine kreisenden Gedanken ein Stück weit zu betäuben. Zu meiner Freude lief an dem Abend gerade Sissi im Fernsehen. Die Filmreihe mit der hübschen Romy Schneider lösten in mir immer positive Gefühle von Unbeschwertheit aus. Dorian war bei seinem Vater, und ich war noch immer krankgeschrieben. Plötzlich war es mit der Entspannung vorbei. Ohne jedes Anzeichen oder Vorwarnung zog sich alles in mir zusammen, und ein Gefühl von Beklemmung überkam mich. Kalter Schweiß drückte sich aus meinen Poren und lief mir den Nacken hinunter. Mein Puls schnellte auf 180, und ich begann am ganzen Körper zu zittern. Der Raum fing an, sich um mich herum zu drehen, und ein enormer Druck schnürte meine Brust zu und erschwerte mir das Atmen. Ich sprang auf. Todesangst übernahm die Kontrolle und unterdrückte jeden Versuch rationalen Denkens. »Scheiße, niemand wird mich hier finden, ich werde ganz alleine sterben, genau wie meine Oma!«, dachte ich bei mir. Immerhin gelang es mir, mein Handy zu greifen und 112 zu wählen. »Bitte helft mir, ich sterbe!«, rief ich panisch ins Telefon und beschrieb meine Symptome, so gut es mein Zustand zuließ. »Es klingt nicht so, als wären Sie in akuter Lebensgefahr. Das wird vermutlich psychischer Natur sein«, entgegnete mir eine ruhige Männerstimme. »Aber ich bekomme keine Luft, es geht mir wirklich schlecht!«, schrie ich ins Telefon, stieß aus meiner panischen Sicht aber nur auf Ignoranz. Ich hatte keine Geduld zu diskutieren und legte auf. Meinem nächsten Impuls folgend, griff ich meine Autoschlüssel und stieg in meinen schwarzen C-Corsa. Glücklicherweise befand sich die Praxis meiner internistischen Onkologin, bei der ich ohnehin in regelmäßiger Behandlung war, nicht weit entfernt von meiner Wohnung. An die Fahrt selbst habe ich indes keine konkreten Erinnerungen und auch kein Zeitgefühl dafür. Eine solche dissoziative Episode ist eine Art Schutzfunktion, in welcher der oder die Betroffene nicht länger das Gefühl hat, Teil des eigenen Körpers zu sein. In stark abgeschwächter Form ist dieser Zustand damit zu vergleichen, wenn man in der Schule hinter seinem Pult sitzt, der Lehrer vorne etwas erzählt und man mit den Gedanken unwillkürlich abschweift. Die normale Wahrnehmung für Raum und Zeit geht dabei verloren. Für Menschen mit dissoziativer Störung kann dies zu einem Dauerzustand werden.

Frau Dr. Bauer-Noll kannte meine Krankengeschichte und meine nicht ganz einfache Borderline-gestörte Persönlichkeit und war mit einer Sprechstundenhilfe sofort zur Stelle, als ich in die Praxis hineinplatzte. Ich bekam eine Spritze mit Valium und wurde an ein EKG-Gerät angeschlossen. Ohne dass die beruhigenden und entspannenden Eigenschaften der Injektion bereits eingesetzt hätten, fühlte ich die Symptome abflachen, weil sich nun jemand um mich kümmerte und ich nicht mehr alleine war. Als das Valium seine Wirkung entfaltete, war alles vorüber. »Sie hatten eine Panikattacke, Kind«, erklärte mir die Ärztin in mütterlichem Ton. »Aber es hat sich so echt angefühlt«, entgegnete ich mit tiefer Erschöpfung. Panikattacken kannte ich zwar aus eigener Erfahrung, aber was an diesem Tag aus dem Nichts mit mir passiert war, stellte ein völlig neues Level dar und sollte für einige Zeit mein Leben nachhaltig dominieren und einschränken. Fortan suchten mich durchschnittlich drei dieser Vorfälle täglich über mehrere Monate hinweg heim. Ich verließ das Haus nicht mehr, auch nicht, um zur Arbeit zu gehen. Ich befand mich in einem Zustand der Wartehaltung, während ich ängstlich in mich hineinhorchte, um nach Anzeichen für die nächste Panikattacke zu fahnden – die Angst vor der Angst.

Mein damaliger Chef nahm meine permanente Abwesenheit nicht sehr wohlwollend zur Kenntnis. Natürlich hatte ich ihn über meinen Zustand informiert und Atteste eingereicht, aber das genügte ihm nicht. Eines Nachmittags erhielt ich einen Anruf vom Medizinischen Dienst der Krankenversicherung mit einer Einladung zu einem persönlichen Gespräch, bei dem festgestellt werden sollte, ob meine Krankschreibungen auch wirklich gerechtfertigt waren. Mein Chef hatte per Fax Zweifel an der Ernsthaftigkeit meiner Erkrankung angemeldet. Das war ein Schlag ins Gesicht! Für diesen Vorgang musste ich meine Ärzte von deren Schweigepflicht entbinden, was insbesondere den halbseitigen Verlust meiner Vulva offenbarte. Mal wieder fühlte ich mich nackt und ausgeliefert, was für meinen Gesamtzustand und meine anhaltenden Panikattacken nicht sonderlich förderlich war. Bei dem persönlichen Gespräch im MDK traf ich glücklicherweise immerhin auf eine nette und verständnisvolle Sachbearbeiterin, der es leidtat, dass ich vor ihr sitzen musste, und die für diese Tatsache kein Verständnis aufbrachte. Das Gutachten des MDK und auch eine anschließende Untersuchung beim Amtsarzt bestätigten meinen Zustand. Mit diesem Gutachten war es in der Folge relativ leicht, außerdem einen Behinderungsgrad von 60 % bescheinigen zu lassen, wodurch mir nicht gekündigt werden konnte und ich erst einmal weiterhin krankgeschrieben war.

Nicht nur mental war ich in einem desolaten Zustand. Ich aß kaum noch und trank nach wie vor sehr viel Rotwein, um mich zu betäuben. Beinahe täglich rief ich verzweifelt den Notarzt. Dorian war zu dieser Zeit fast ausschließlich bei seinem Vater. Ich vermisste meinen kleinen Schatz, aber ich war in keiner Verfassung, adäquat für ihn sorgen zu können. Immerhin hatte er es bei Chris gut, und auch die fürsorglichen Großeltern wohnten im selben Haus. Dorian regelmäßig wenigstens zu besuchen war der einzige Grund, der wichtig genug war, meine Angst zu überwinden und das Haus zu verlassen. Zu einem Lichtblick entwickelte sich mein damaliger bester Freund Jesse, der, wann immer es seine Arbeitszeiten zuließen, auf meiner Couch schlief, damit ich nicht alleine sein musste. Durch Jesse schaffte ich es, meinen Alkoholkonsum zu reduzieren, und ich nahm wieder etwas zu. Ihm war es auch zu verdanken, dass ich nun regelmäßig in die psychologische Verhaltenstherapie von Frau Bergmann ging, die mir Frau Dr. Bauer-Noll vermittelt hatte. Das kostete mich große Überwindung, denn anfangs wurde ich nicht warm mit ihr. Frau Bergmann war eine erfahrene Psychologin in ihren späten Fünfzigern. Sie hatte zwar durchaus eine mütterliche, aber auch eine strenge, autoritäre Art, mit der ich zunächst nicht zurechtkam. Zweimal die Woche ging ich in eine Therapiesitzung mit ihr, und tatsächlich: Nach vier Wochen zeigten sich erste Fortschritte. Wir fassten Vertrauen zueinander, und ich erfuhr, dass sie selbst ehemalige Krebspatientin war, weshalb es mir daraufhin leichter fiel, mich weiter zu öffnen. Beinahe ein Jahr lang sollte sie meine Therapeutin bleiben, bis sie ein Schlaganfall vorübergehend außer Gefecht setzte. Neben dem therapeutischen Effekt gab sie mir außerdem einige Mechanismen an die Hand, die ich bis heute nutze, um meine Panikattacken ein Stück weit zu kontrollieren.

2.3 Was bleibt

Obwohl ich damals in der Therapie lernte, besser mit Panikattacken umzugehen, sind sie bis heute eine Belastung und Einschränkung. Sie werden niemals ganz verschwinden, es gibt aber Phasen, in denen sie sich tiefer zurückziehen. Wie ein Wolf, der geduldig auf der Lauer liegt, um seine Beute in einem günstigen Moment anzufallen. Bin ich viel im Stress, beschäftigt, abgelenkt und unterwegs, stehen seine Chancen schlecht, mich zu erwischen. Es sind die Momente der Ruhe, in denen er Witterung aufnimmt, mir nachstellt und sich irgendwann anpirscht. Damals auf der Couch nach dem Tod meiner Oma erwischte er mich kalt, und ich war ihm wehrlos ausgeliefert. Heute spüre ich seine Präsenz frühzeitig und bin vorgewarnt. Meistens hätte ich sogar die Möglichkeit zu fliehen, indem ich mich rechtzeitig ablenke und die Panikattacke so unterdrücke. Ich kann aber nur bestätigen, was Frau Bergmann mir schon damals riet: »Lassen Sie die Panik kommen, sonst verschieben Sie diese nur.« In der Tat ist es besser, sich dem Wolf zu stellen und mit ihm zu kämpfen, er holt einen eh wieder ein, vielleicht eine Stunde oder auch erst einen Tag später, aber ein Entkommen gibt es grundsätzlich nicht. Die Analogie zu dem Wolf wähle ich im Übrigen ganz bewusst. Tatsächlich löst eine Panikattacke Todesangst und eine Art Fluchtreflex aus. Die Nebenniere schüttet wie wild das Stresshormon Cortisol aus und bereitet den Körper auf eine Extremsituation vor. Dieser Mechanismus hat seine Berechtigung, falls wir uns tatsächlich mal in so einer Situation befinden sollten, was evolutionär gesehen in der Frühzeit der menschlichen Spezies sicher häufiger vorkam als heute. Bei Menschen wie mir, die unter Panikattacken leiden, wird dieser Mechanismus nur leider aus den falschen Gründen ausgelöst. Ist der Kampf vorbei, zieht sich der Wolf genauso zurück, wie er auf mich zukam. Es dauert eine Weile, bis er wieder komplett im Wald verschwunden ist. Es kann sogar vorkommen, dass er es sich noch einmal anders überlegt und im Rückzug einen neuen Angriff wagt.

Glücklicherweise bin ich inzwischen nicht mehr komplett wehrlos. Im besten Fall ist eine Person meines Vertrauens in meiner Nähe. An sie wende ich mich und teile mich ihr mit. Mein Mann versteht sich beispielsweise inzwischen sehr gut darauf, mich durch diesen Kampf zu begleiten. Er lässt mich wissen, dass ich nicht alleine bin, redet mit ruhiger Stimme und erzählt mir etwas Beliebiges. Zwischendurch nimmt er mich immer mal kurz in den Arm. Zu lange kann ich die Umarmung nicht zulassen, denn währenddessen muss ich meinem Bewegungsdrang nachgeben. Ist mal niemand in der Nähe, kann ich jemanden anrufen und mich so mitteilen. Es funktioniert auch sehr gut, mit einem kalten Getränk einen anderen Reiz zu setzen. Im Winter kann ich das Fenster öffnen und kalte Luft einatmen. Es ist nicht einfach, selbst einen klaren Gedanken zu fassen, deswegen hilft es, daran erinnert zu werden, dass ich bislang schließlich alle Panikattacken überlebt habe. Das Schlimmste, was passieren kann, wenn man nicht gerade einen Herzinfarkt bekommt, ist Ohnmacht. Am Ende ist der furchterregende Wolf eigentlich zahnlos, und man wird immer siegreich sein!

Auch vor diesem Hintergrund ist es wichtig, keine Vermeidungstaktik zu wählen. Ich selbst habe in der Vergangenheit kontinuierlich Situationen vermieden, in denen ich zuvor eine Panikattacke hatte. Zum Beispiel ereilte mich eine Panikattacke, während ich auf dem Heimtrainer saß und fleißig strampelte. Vermutlich war ich ohnehin fällig für einen Angriff, und mein erhöhter Puls hat ihn dann provoziert. Mit dieser Taktik würde man allerdings nur immer mehr Situationen für sich ausschließen und am Ende die Zahl der tatsächlichen Angriffe nicht reduzieren, sondern sie auf andere Umstände verlagern. Auch die Einnahme von Medikamenten ist mit Vorsicht zu genießen. Ist die Panikattacke sehr ausgeprägt, greife ich zwar situativ darauf zurück, zumeist hilft aber auch das bloße Wissen, dass ich immer etwas bei mir trage. Es gibt verschiedene Arten von Bedarfsmedikation, die teilweise enormes Suchtpotenzial besitzen, weshalb das jeweilige Mittel und dessen Verwendung stets mit einem Therapeuten oder Arzt abgesprochen werden sollte.

Wie bei den meisten psychischen Erkrankungen ist es für uns Betroffene häufig schwierig, unsere Ängste offen anzusprechen. Wie das Beispiel meines damaligen Chefs zeigt, ist die gesellschaftliche Akzeptanz zudem sehr ausbaufähig. Klar, andere Menschen können den Wolf nicht sehen. Das bedeutet aber nicht, dass er in unseren Köpfen nicht real ist. Wir empfinden in diesen Situationen echte Todesängste, brauchen Beistand und vor allem Verständnis. Ich wünschte, mein Chef hätte damals das Gespräch mit mir gesucht, und ich bin mir sicher, anderen Menschen geht es da ähnlich wie mir. Panikattacken sind kein Zeichen von Schwäche, sie können unabhängig von Geschlecht, Alter, Intelligenz und Stärke jeden treffen.

DEPRESSION

Kapitel 3

3.1 Die Gegenwart

Während ich mich aktuell noch um Boris kümmere, werden Franzi und ich herzlich von seiner Mutter und seinem Stiefvater aufgenommen. Abgesehen von politischen Differenzen – beide sind glühende Trump-Supporter und passend dazu starke Befürworter der lockeren Waffengesetze – kommen wir bestens miteinander aus. Schon im letzten Urlaub mit Benny ergaben sich hier kontroverse, wenn auch stets respektvolle Diskussionen. Es ist eben Texas! Der geplante Rückflug ist inzwischen nicht mehr weit weg, doch wie so häufig in meinem Leben macht mir mein angeschlagener Körper einen Strich durch die Rechnung. Vermutlich ausgelöst durch den ganzen Stress der letzten Wochen, leide ich unter einer Mittelohrentzündung. Ganze drei Mal muss Franzi, der das sichtlich unangenehm ist, telefonisch unseren Rückflug verschieben. Doch wir haben Glück im Unglück. Eine besonders hilfsbereite Mitarbeiterin im Callcenter der Lufthansa nimmt sich immer wieder der Sache an und gibt uns zu diesem Zweck sogar ihre private Handynummer. Sie ist Deutsche, lebt aber in Kanada und spricht genau wie Franzi ebenfalls Holländisch, was den beiden hilft, schnell einen guten Draht zueinander zu entwickeln. Es stellt sich außerdem heraus, dass sie ehemalige Brustkrebspatientin ist, weshalb sie großen Respekt für meine Arbeit zeigt. Vielen Dank für Deine Hilfe, liebe Manuela!

Inzwischen haben wir tatsächlich Mitte Februar, und endlich ist der Tag der Abreise gekommen. Flughäfen stellen für mich immer eine Herausforderung dar. Sie sind ein für den normalen Menschen undurchsichtiger Mikrokosmos, in dem man nur sein eigenes kleines Anliegen versteht. Die großen Zusammenhänge bleiben ein Rätsel, aber irgendwie hat jeder einzelne Mensch in diesen großen, erdrückenden Hallen eine Aufgabe oder ein Ziel, und meistens fügt sich am Ende alles so zusammen, dass daraus eine eng getaktete, funktionierende Maschine entsteht, die die Bedürfnisse der teilnehmenden Individuen bedient. Obwohl ich mit dem Flughafen in Frankfurt noch eine deutlich größere Dimension gewohnt bin, komme ich mir auch im George Bush Intercontinental Airport klein und ausgeliefert vor. Es herrscht eine surreale Endzeitstimmung. Das gesamte Personal des Flughafens und der Fluglinien ist mit Latexhandschuhen und Mund-Nasen-Masken ausgestattet. Einerseits finde ich es gut, dass die Gefahr des Coronavirus hier ernst genommen wird, andererseits triggert dieser Anblick meine Ängste. Der Flughafen ist brechend voll. Kaum angekommen, will ich nur raus aus der Menschenmasse, und meine Fluchtinstinkte werden unwillkürlich aktiviert. Wie ein Rennpferd, das durch den Startschuss alarmiert wurde, starte ich meinen Lauf und renne regelrecht Slalom um die geschäftigen Einzelpersonen und Menschengruppen durch den Flughafen, während ich zwei Koffer beinahe gewaltsam hinter mir herzerre. Niesende und hustende Menschen scheinen meinen Weg zu säumen, während ich irgendwie versuche, größtmöglichen Abstand zu halten und mein Ziel nicht aus den Augen zu verlieren. Die Maske erschwert meine Atmung, und mein Herz schlägt mir bis zum Hals, aber ich nehme das Ausmaß meiner Anstrengung erst wahr, als mein Tunnelblick mit dem Erreichen des Check-in-Schalters der Lufthansa endet und ich erschöpft innehalte. Für einen Moment droht meine Sicht wegzukippen, doch ich fange mich rechtzeitig. Erst jetzt fällt mir auf, dass ich Franzi verloren habe. Da ich eben nur einen Teil der Koffer hinter mir hergezogen habe, konnte sie beladen mit dem restlichen Gepäck vermutlich einfach nicht Schritt halten. Einige Minuten später findet sie etwas abgehetzt und gestresst ebenfalls den Weg zum Check-in, während sie versucht, zwei Koffer plus Handgepäck zu jonglieren. »Ich wusste gar nicht, dass Du Dich so schnell bewegen kannst«, höre ich sie etwas zynisch durch ihre Maske sagen. Touché, meine Liebe! Immerhin ist am Check-in nicht so viel Trubel, und wir gelangen reibungslos zum Security-Check. Aus meinen bisherigen Reiseerfahrungen weiß ich, dass bei amerikanischen Sicherheitskontrollen auch immer die Schuhe ausgezogen werden müssen. Franzi und ich sind aber bestens vorbereitet und tragen jeweils ein doppeltes Paar Socken, sodass wir das eine, potenziell kontaminierte, anschließend entsorgen können. Das Handgepäck kann ich außerdem mit einem Flächendesinfektionsspray meinen zwangsgesteuerten Mindestanforderungen angleichen. Was kann also schon Schlimmes passieren? In der Hektik der buchstäblichen Fließbandarbeit liefert mir das unfreundliche Personal prompt die Antwort. Bei der manuellen Durchsuchung des Handgepäcks entgleitet dem Mann meine Tasche, und der Inhalt verteilt sich auf dem dreckigen Fußboden. »*Thank you very fucking much!*«, schmeiße ich ihm wütend an den Kopf. Ohne eine Miene zu verziehen, stopft und presst er meine Sachen notdürftig zurück in die Tasche und entgegnet monoton: »*You're good to go, ma'am.*« Den Sicherheitscheck haben wir damit immerhin überstanden, und ich nehme mir

Zeit, um alles so gut zu reinigen, wie es geht. In der Lounge versuchen wir uns anschließend etwas zu entspannen, was für mich vor einem Flug nur mit der Hilfe von Beruhigungstabletten eingeschränkt möglich ist. Franzi, die während der ganzen Zeit betont ruhig geblieben ist, ist plötzlich ebenfalls aufgebracht. Irgendwie muss der Vapestick mit meinem medizinischen Marihuana in ihrem Handgepäck gelandet sein. Ausnahmsweise ist es diesmal umgekehrt, und ich beruhige sie, dass der Sicherheitscheck ja nun überstanden und der Konsum von Cannabis in weiten Teilen der USA ohnehin legal sei. Tatsächlich nimmt sie auf der Terrasse noch einen Zug, bevor wir den Stick entsorgen, denn nach Deutschland einführen möchten wir ihn dann lieber nicht.

Meine Mittelohrentzündung ist noch immer nicht gänzlich auskuriert, doch für mich stehen in Deutschland drei Tage nach meiner Rückkehr direkt Drehs für meine TV-Serie »Voller Leben – meine letzte Liste« an. Der Flug von Houston nach Frankfurt dauert ganze neun Stunden. Schon in halbwegs gesundem Zustand bedeutet ein Flug dieser Länge eine enorme Belastung für meinen Körper. Da ich außerdem thrombosegefährdet bin und bereits zwei Thrombosen hinter mir habe, muss ich zwei Tage vor dem Flug bis fünf Tage nach dem Flug täglich Thrombosespritzen nehmen und während des Fluges die lästigen Kompressionsstrümpfe tragen. Diese anzuziehen bedeutet für mich Hochleistungssport! Zusätzlich rät mir ein Arzt, diesmal während des Fluges mithilfe eines Verneblers Sauerstoff mit einer Lösung aus Medikament und Kochsalz zu inhalieren, um die Gehörgänge schleimfrei zu halten. Meine ohnehin bestehende Nasenspraysucht soll ich darüber hinaus rücksichtslos befriedigen, um eine einwandfreie Belüftung ununterbrochen sicherzustellen. Während die Maßnahmen für mich sehr gut funktionieren, sind Franzi und ich trotzdem beunruhigt. Noch befinden wir uns über dem nordamerikanischen Festland. Es ist Sonnenaufgang, und wir beobachten einen Mann, der ein langes Gewand und einen Schal trägt. Auf seinem Hinterkopf befindet sich außerdem eine weiße, mit Gold verzierte Mütze, und um seinen Arm ist ein schwarzer Lederriemen geschlungen. Wir sind uns nicht sicher, ob es sich vielleicht um einen Moslem handelt, aber die äußere Erscheinung und sein Verhalten sind uns fremd, und Erinnerungen an Nine-Eleven sind auch in unserem Kopf fest verankert. Etwa eine Stunde lang wippt der Mann immer wieder rhythmisch vor und zurück, während er fast wie in Trance leise Gebete murmelt. Dank Bord-WLAN hilft uns Google derweil bei der Lösung des Rätsels und beschreibt den Mann als Juden, den Gebetsriemen als Tefillin. Da natürlich alles friedlich bleibt und der Mann irgendwann wieder auf seinen Sitz zurückkehrt, fühlen wir uns anschließend schlecht. Ich selbst bin ein polarisierender, bunter Mensch, der von seiner Umwelt ein hohes Maß an Verständnis und Toleranz einfordert. Es schadet also nicht, sich in regelmäßigen Abständen selbst zu hinterfragen und vor allem diesem eigenen Anspruch dann auch gerecht zu werden. Offensichtlich tragen nicht alle gläubigen Juden Schläfenlocken, und selbst wenn der Mann tatsächlich ein Moslem wäre und sein Gebet Richtung Mekka gesprochen hätte, gäbe es keinen vernünftigen Grund, sich zu fürchten. Vielmehr bewundere ich ein Stück weit diese enge Verbundenheit zum Glauben, egal, welchem Gott er gilt, und wünsche mir häufig eine derartige Instanz des Trosts in meinem Leben. Trotz dieser positiven Erkenntnisse fällt mir der weitere Verlauf des Fluges schwer, und ich bleibe unentspannt. Das fällt auch der freundlichen Stewardess auf, die mir von sich aus eine Wärmflasche bringt. Aufgrund meiner Autoimmunerkrankung Lupus habe ich des Öfteren Schmerzen in meinen Gelenken. Heute schmerzt mein Arm besonders stark, was mein Unwohlsein nur noch weiter steigert und der Panik Tür und Tor öffnet. Franzi bietet mir daraufhin an, mir den Arm ein wenig zu massieren, und tatsächlich gelingt es mir, einen Teil des Fluges schlafend zu verbringen. Manchmal braucht man einfach etwas Körperkontakt, und da ich inzwischen ausreichend Vertrauen aufgebaut habe, kann ich das inzwischen zulassen. Franzi sagt mir später, dass sie gar nicht mitbekommen habe, dass ich eingeschlafen sei, weil ich ständig gezuckt habe. Also hat sie tatsächlich eine Stunde an meinem Arm herumgeknetet, bis ihr die Finger wehgetan haben.

In Deutschland angekommen, begrüßt uns der Frankfurter Flughafen mit regnerischem Wetter und eisigen 2 Grad. Vor ein paar Stunden sind es in Houston noch 28 Grad gewesen. Ein bisschen fühle ich mich wieder wie die kleine Myriam, die im Kindesalter gegen ihren Willen nach Deutschland ausgesiedelt wurde. Wir sind beide irgendwie traurig, dass unser Abenteuer nun zu Ende ist. Klar, eine stressige Zeit liegt hinter uns, aber es hat auf dem Roadtrip auch schöne Momente gegeben, zudem haben wir Vertrauen zueinander aufgebaut. Ein Lichtblick ist immerhin Benny an diesem trüben Tag. Am Flughafen empfängt er mich freudig mit Sonnenblumen, und in meinem neuen Zuhause in Limburg warten ein weiterer, noch üppigerer Blumenstrauß und ein großer Luftballon mit einer strahlenden Sonne über einem kleinen Häuschen und der Aufschrift »*Welcome Home*« auf mich. Leider können diese kleinen Aufmerksamkeiten nicht über den Zustand meines neuen Heims hinwegtäuschen. Die von mir engagierten Umzugshelfer haben keinen guten Job gemacht und meine Wünsche nicht adäquat umgesetzt. Das ist zum jetzigen Zeitpunkt fatal, denn der Dreh für meine TV-Serie soll unter anderem bei mir zu Hause in Form von gesetzten Interviews stattfinden. Meine Tränen sind allerdings schnell getrocknet, denn es hilft ja nichts, wir müssen in die Hände spucken und trotz des Jetlags alles an den Start bringen.

Während wir all die Vorbereitungen auf den Dreh irgendwie geregelt bekommen, macht mir ein besonders lieb gewonnener Schützling zunehmend größere Sorgen. Seit inzwischen zwei Jahren begleite ich Tanja. Damals machte mich Klaus, Inhaber des Autohauses Koberstein, das mir für meine Reisen ein Auto zur Verfügung stellt, auf den Fall aufmerksam. Es begann mit einem Hilferuf und einigen gemeinsamen Arztbesuchen. Allerdings stellte sich schnell heraus, dass man nichts Lebensrettendes mehr für Tanja wird tun können. Tanja ist 47 und leidet seit ihrer Jugend an Morbus Crohn. Vor einigen Jahren entwickelte sich bei ihr Enddarmkrebs, den sie mit Chemotherapie und Bestrahlung niederzukämpfen versucht hat. Diese aggressiven Behandlungen verursachten eine Sepsis, durch die sie einige Zeit ins Koma fiel, wodurch sie im Nachgang neu gehen und sprechen lernen musste. Selbst diese Herausforderung hat sie mit Bravour gemeistert, nur um mit einer neuen Diagnose konfrontiert zu werden: Der Krebs hatte in die Vulva gestreut. Diese Tatsache lässt mich angesichts meiner eigenen Erkrankung in besonderem Maße mit ihr fühlen. Tanja hat nach der Diagnose ihre Behandlungen zu lange aufgeschoben. Sie war frisch verliebt und wollte die Zeit mit ihrem neuen Freund auch körperlich noch voll genießen. Seit dieser Zeit betreue ich Tanja. Leider verabschiedete sich ihr Freund irgendwann mit den Worten: »Es tut mir leid, aber ich will Dir nicht beim Sterben zusehen.«

Zuletzt hat sich ihr Zustand deutlich verschlechtert. Franzi und ich machen uns deshalb auf den Weg in die Nähe von Schwäbisch Hall. Ich bin ziemlich erschrocken, wie sehr sich Tanja seit unserem letzten Treffen vor meiner USA-Reise verändert hat. Sie ist zwar nur noch Haut und Knochen, ihre Beine sind aber aufgrund von Wassereinlagerungen stark angeschwollen. Für Franzi ist es der erste Besuch bei einem todkranken Schützling, und sie ist bei der Datenaufnahme für ein Update unserer Kartei sichtlich nervös. Glücklicherweise macht Tanja es ihr mit ihrer lockeren, bewundernswert lebensfrohen Art sehr leicht. Tanja freut sich wahnsinnig über unseren Besuch, und trotz ihres Zustandes verleben wir einen äußerst positiven Nachmittag und lachen viel. Sie wird bei sich zu Hause von ihrer 75-jährigen Mutter Gisela liebevoll gepflegt. Auch ihre 24-jährige Tochter Sarah ist bei ihr. Tanja ist es ein Anliegen, dass wir ihre Geschichte auch in den sozialen Medien erzählen. Sie möchte damit kein Mitleid erregen, sondern im Geiste meiner Arbeit über den Ernst und mögliche Folgen aufklären. Gisela ist davon alles andere als begeistert. Nicht nur, dass zwei fremde Menschen zu Besuch sind in einer Zeit, in der für sie nur der familiäre Zusammenhalt zählt. Auch intime Details über ihre Tochter im Internet zu finden missfällt ihr. Vor diesem Hintergrund kann ich die Skepsis, die mir offen entgegenschlägt, komplett nachvollziehen. Aber die Wünsche und das Wohl meiner Schützlinge haben für mich oberste Priorität, und es ist nun einmal Tanjas ausdrücklicher Wunsch, mich an ihrer Seite zu haben und ihre Geschichte zu veröffentlichen. In einem offenen und respektvollen Vieraugengespräch, das zuvor von Klaus vermittelt wurde, der Tanja an diesem Tag ebenfalls besucht, können Gisela und ich aber sämtliche Unstimmigkeiten ausräumen. Den Post auf meiner Facebook-Seite verändere ich im Nachgang in ihrem Sinne noch ein Stück weit. Franzi und ich nehmen zwar viel Positives aus diesem Treffen mit nach Hause, trotzdem bleibt die Erkenntnis, dass es wohl nicht mehr lange dauern wird, bis Tanja ihre letzte Reise antritt.

Nicht einmal zwei Wochen später ist der Zeitpunkt gekommen. Ich verschiebe kurzfristig die geplanten TV-Drehs und mache mich mit Franzi wieder auf den Weg zu Tanja, nachdem sie mit Gisela und Sarah an ihrer Seite eine schreckliche Nacht durchleben musste. Inzwischen ist Tanja innerhalb ihres großzügigen, hellen Wohnzimmers mit offener Küche und Essbereich von der Couch in ein Krankenbett unterhalb eines schrägen Dachfensters umgezogen. Der unangenehme Geruch von Baldriansalbe, mit der Tanja regelmäßig zur Beruhigung eingerieben wird, hängt schwer in der Luft. Er unterstreicht die Atmosphäre des ursprünglich freundlichen Raums, dessen Eindruck nun von zahllosen Medikamenten und einem Luftbefeuchter neben dem Krankenbett dominiert wird und ihm die Wohnlichkeit raubt. Ich bemerke, dass Gisela und Sarah am Limit sind. Seit Tagen haben beide nicht mehr richtig geschlafen, und die Anstrengung und Verzweiflung sind deutlich zu spüren. Ich bin froh, dass Franzi hier ist. Während ich zunächst nicht von Tanjas Seite weiche, kümmert sie sich vornehmlich um Sarah, was mir den Rücken für meine Arbeit freihält. Aus meinen Erfahrungen weiß ich, dass zum jetzigen Zeitpunkt unklar ist, wie lange Tanjas Todeskampf dauern wird. Ihr Zustand lässt aber darauf schließen, dass es sich eher um Stunden, statt um Tage handeln wird. Tanja ist inzwischen kaum wiederzuerkennen und drastisch abgemagert. Ihre Haut ist gelb, was auf das Versagen ihrer Organe am Beispiel ihrer Leber hindeutet. Sie ist komplett eingefallen und artikuliert sich in erster Linie durch Stöhnen. Müssen wir sie umlegen, um sie beispielsweise zu säubern, schreit sie voller Qual. Die Agonie hat fast ihr komplettes Wesen ersetzt, und dennoch ist es beeindruckend und beängstigend zugleich zu spüren, wie sehr Tanja an ihrem Leben hängt. Sie erlebt keine bewusst wachen Momente mehr, aber in den folgenden Stunden scheint es ab und zu, als würden sich Episoden aus ihrem Leben vor ihrem geistigen Auge abspielen, an denen wir teilhaben dürfen. Sie raucht eine imaginäre Zigarette in authentischer Diva-Pose, unterhält sich undeutlich mit Menschen, die gar nicht anwesend sind, und fährt in ihren Vorstellungen noch ein letztes Mal mit dem Auto. Irgendwie ist es grotesk, aber trotz der tief gedrückten Stimmung schafft es Tanja, uns auf diese Weise aufzuheitern und uns allen ein Lächeln zu entlocken. Geht es ihr zwischendurch besonders schlecht, krampft und zuckt sie. Ihre Schmerzpumpe ist ausgereizt, doch sie lässt sich nach einer Weile immer wieder von uns beruhigen. Ich spreche mit sanfter Stimme und rede so mit ihr, als hätten sich zwei gute Freundinnen auf einen Kaffee verabredet. Währenddessen massiere ich sie vorsichtig mit ätherischen Ölen. Besonders schwierig wird es für Tanja, wenn Freunde und weitere Familie kommen, um sich von ihr zu verabschieden. Das Bedürfnis der Menschen ist verständlich, der erhöhte Geräuschpegel im Raum tut ihr aber nicht gut. Außerdem war es ihr Wunsch, dass sie in diesem Zustand nicht mehr persönlich gesehen wird. Tanja war eine zierliche und hübsche Person, die stets viel Wert auf ihr Äußeres gelegt hat, und ihren Wunsch gilt es jetzt zu respektieren, weshalb Gisela ab einem gewissen Punkt keine Menschen mehr in die Wohnung lässt. Überhaupt sind Gisela und Sarah beide unglaublich tapfer. Gerade Sarah muss zwar immer wieder weinen, wird aber zu keinem Zeitpunkt hysterisch, sondern hält sich mit Franzi zumeist im Hintergrund auf. Zwischendurch ist sie bei ihrer Mutter, hält ihre Hand und flüstert ihr mit Tränen in den Augen zu: »Mama, es ist okay, wenn Du jetzt gehst.«

Es gelingt uns, eine friedliche Stimmung zu erzeugen. Wir unterhalten uns mit gedämpften Stimmen, versorgen Tanja und vermitteln ihr das Gefühl, nicht alleine zu sein. Gisela ist irgendwann völlig übernächtigt und erschöpft, traut sich aber nicht, schlafen zu gehen, um Tanjas letzte Momente nicht zu verpassen. Ich schicke sie mit dem Versprechen ins Bett, sie sofort zu wecken, sollte es zu Ende gehen, sodass sie tatsächlich einige Stunden Schlaf bekommt, bis sie um 3 Uhr nachts wieder wach wird, als Tanjas Palliativschwester zu uns stößt.

In den frühen Morgenstunden verlassen Franzi und ich nach vollen 24 Stunden Tanjas Wohnung. Sarah bittet uns, noch zu bleiben, bis Tanja es ganz überstanden hat. Das größte Leid liegt aber hinter ihr, und ich will die Intimität der Familie nun nicht mehr stören. Am Anfang war es ein Drahtseilakt, mich um Tanja zu kümmern und ihr den Übergang zu erleichtern, ohne Gisela dabei im Weg zu sein. Nach unserem Gespräch haben wir aber schnell prima als Team funktioniert, und ich verstand es als Berufung und Privileg, Tanja auf ihrem letzten Weg begleiten zu dürfen. Am liebsten würde ich sie persönlich hinübertragen in einen Zustand, in dem sie keine Schmerzen mehr erleiden muss. Aber die allerletzten Schritte geht sie an der Seite ihrer Mutter, die sie vor 47 Jahren in die Welt gesetzt hat und nun während ihrer letzten Atemzüge bei ihr ist.

Es ist der siebte März, und Tanja stirbt noch am selben Tag. Ich behalte sie als frechen, quirligen, lebensfrohen Menschen in Erinnerung. Trotzdem hatte sie aufgrund von unerfüllter Liebe und ihrer langen Leidensgeschichte eine Menge Traurigkeit in sich. Sie hat der Krankheit einen erbitterten und tapferen Kampf geliefert, viele Schlachten gewonnen und wie so viele andere Menschen den Krieg verloren. Ich werde unsere Gespräche sehr vermissen, und schon jetzt fehlt mir der Klang ihrer Schwabenschnute. Manchmal fühle ich mich wie ein Todesengel. Wenn ich einen Schützling aufnehme und ihn zum ersten Mal besuche, werde ich immer mit Tränen begrüßt. In erster Linie sind es wohl Freudentränen, aber gleichzeitig trifft sie auch die Erkenntnis, dass es wirklich ernst und die verbleibende Zeit begrenzt ist. Ich bin beileibe kein Engel, aber hätte ich tatsächlich Flügel, würde ich sie am liebsten über meinen Schützlingen ausbreiten und sie vor allem behüten, was ihnen bevorsteht. Leicht ist der Weg nie, und auch wenn ich vielleicht einen letzten Wunsch erfüllen kann oder ihre Hand halte, wenn der letzte Moment gekommen ist, bin ich am Ende doch machtlos und sehe mich irgendwie selbst in diesem Krankenbett liegen. Letztendlich sind wir wohl dadurch so verbunden, denn ich habe selbst solche Angst vor diesem Schicksal.

Ich merke, dass mich Tanjas Tod belastet. Ich bin angeschlagen und funktioniere trotzdem so gut es geht ein wenig wie im Autopiloten. Ich absolviere meine TV-Drehs und betreue meine Schützlinge, bis mein Körper mich mal wieder zwingt, einen Gang zurückzuschalten, da ich krank werde. Natürlich denke ich sofort an Covid-19, und vielleicht auch deswegen passen die Symptome gut zu dem, was man inzwischen täglich in der Presse mitbekommt. Einen wichtigen Dreh im Disneyland Paris mit meinem lieben Schützling Maren muss ich krankheitsbedingt absagen, weshalb dieser ohne mich stattfindet. Besonders tragisch ist für mich, dass ich wie schon bei Michael nicht an Tanjas Beisetzung teilnehmen kann. Ihre Mama und ihre besten Freundinnen haben sich gewünscht, dass ich auf der Trauerfeier einen Brief vorlese, den sie vor ihrem Tod verfasst hat. Sie wussten, dass ich Tanja verstehe und deshalb geeignet bin, ihre letzte Botschaft vorzutragen. Es bricht mir das Herz, aber wieder muss ich hinnehmen, dass ich mich nicht verabschieden kann. Erst im Oktober letzten Jahres habe ich meinen Schützling Michelle verloren, mit der ich ebenfalls sehr eng, fast wie eine Mutter, verbunden war. Michelle war erst 19, und ich habe mit meinen Händen auf ihrer Brust ihre letzten Herzschläge gefühlt. Auch damals war es mir aus gesundheitlichen Gründen nicht möglich, nach der intensiven und aufzehrenden Sterbebegleitung an der Raketenbestattung in Tschechien teilzunehmen. In relativ kurzer Zeit wurde ich mit sehr viel Tod konfrontiert und hatte nie die Gelegenheit für einen richtigen Abschied.

In einer örtlichen Corona-Teststation machen Benny und ich einen Drive-in-Test, auf dessen Ergebnis wir eine Woche warten müssen. In dieser Zeit müssen wir uns in häusliche Quarantäne begeben, und die Unsicherheit nagt noch weiter an meiner mentalen Konstitution. Versorgt werden wir von meiner Freundin und guten Seele Ivonne, die uns Lebensmittel vor die Tür stellt. Doch besonders jetzt spüre ich den inneren Drang weiterzumachen. Ich weiß aus früheren Erfahrungen, dass ich eine tiefe Depression kaum werde vermeiden können, falls ich insbesondere in meinem körperlichen und mentalen Zustand zu lange stillstehe. Unter allen möglichen Vorsichtsmaßnahmen beteilige ich mich also an einer kleinen Reportage zum Thema Coronavirus für meinen Haussender RTL II, auf dem auch meine Serie läuft. Mein gewohntes Kamerateam reist dafür an und dreht quasi durch das Fenster, ohne die Wohnung zu betreten. Eine knappe Woche später kommt das Testergebnis für Benny und mich: Wir sind beide negativ.

Das negative Testergebnis lässt allerdings keine echte Freude aufkommen. Am zweiundzwanzigsten März beschließt die Bundesregierung den Lockdown und damit strenge Ausgangs- und Kontaktbeschränkungen. Da noch immer wenig über die tatsächliche Gefahr des Coronavirus bekannt ist, Bilder aus Italien aber auf nichts Gutes schließen lassen, halte ich diesen Schritt für absolut vernünftig und notwendig, insbesondere für Menschen wie meine Schützlinge und mich als sogenannte Risikopatienten. Die Auswirkungen für mich persönlich sind allerdings fatal. Ich kann de facto meinem Beruf nicht mehr nachgehen und bin schlagartig gezwungen, von null auf hundert herunterzufahren. Ich habe schon Probleme mit faulen Sonntagen und habe stets Aufgaben für mich, damit ich nicht in die Verlegenheit komme, mit nichts dazustehen. Ich fühle mich wie ein Musiker, der von seiner Welttournee zurückgekehrt ist und nun in ein tiefes Loch fällt. Wenn es draußen leise wird, wird es drinnen laut. Im Hinterkopf habe ich wie viele andere Menschen außerdem Existenzängste. Benny und ich sind beide selbstständig und stehen finanziell erst einmal ohne Perspektive da. Der *Chestburster*, der sich ja nur allzu gerne in meiner Brust einnistet, ist mein permanenter Gast, während ich auf der Couch sitze und gezwungen bin, mich mit mir selbst zu beschäftigen. Die letzten Monate haben ihre Spuren hinterlassen und holen mich nun ein. Jeder Tag ist aktuell eine Art »Murmeltiertag« und fühlt sich für mich gleich an. Es entwickelt sich das, wovor ich mich so sehr fürchte: das Nichts!

Es klingt wie eine Anlehnung an die »Unendliche Geschichte« von Michael Ende, Vorlage für einen Film, den ich in meiner Kindheit geliebt habe, und tatsächlich ist der Vergleich gar nicht weit hergeholt. Der Zustand meiner tiefen Depression ist keine Traurigkeit. Ich befinde mich vielmehr in einem Vakuum, als säße ich in einem dunklen Raum, von dem ich weiß, dass irgendwo eine Tür ist, aber ich bin unfähig, den Ausgang zu finden. Es ist ein Gefühl, als befände ich mich in einer schalldichten Gesangskabine, oder wenn man einen Hörtest beim HNO-Arzt durchführt, die Kopfhörer aufzieht und man keine peripheren Geräusche mehr wahrnimmt, während man in seinem Schädel den hohen Piepton sucht. Manchmal höre ich von draußen Stimmen und spüre, wie das Leben außerhalb meiner Zelle weitergeht. Aber die Stimmen sind nicht mehr als bloßes Gemurmel, und sie können mir den Weg nicht weisen. Ich bin gefangen in mir selbst, unfähig, mich zu bewegen oder auch nur etwas anderes als Leere zu empfinden. Selbst Essen verliert seinen Geschmack, und alles Gute verliert an Bedeutung. Meine Seele befindet sich nicht länger in mir, und ich bin eine bloße Hülle. Da ich nicht nur depressiv, sondern auch noch bipolar bin, erreichen mich immer wieder kurze manische Impulse, in denen ich aufzuwachen scheine, plötzlich den Garten umgestalte oder den ganzen Tag Brot backe. Aber per definitionem halten diese Episoden nicht lange an und vermögen es nicht, mich nachhaltig aus meinem Gefängnis zu befreien. Dieser Zustand ist auf die Dauer gefährlich, weil die einzigen positiven Gedanken, die ich in solchen Zeiten habe, suizidaler Natur sind. Es gibt mir ein warmes Gefühl, an meinen eigenen Tod zu denken. Ansonsten bin ich nichts weiter als schwebend im Raum.

3.2 Die Vergangenheit

2017 war ein äußerst schwieriges Jahr. Am 31. Dezember 2016 heirateten mein Mann Benny und ich. Als wir uns kennenlernten, war er mit seinem Punk-Look, inklusive Irokesenschnitt und Lederjacke, gar nicht mein Typ. Aber seine Ausstrahlung machte ihn für mich interessant, und insbesondere seine freundlichen Augen zogen mich in seinen Bann. Seine ehrliche und fürsorgliche Art und seine Fähigkeit, Emotionen ungefiltert zu zeigen, beeindruckten mich. Seit Jahren war es mein sehnlichster Wunsch gewesen, seine Frau zu werden. Als er mich einige Zeit zuvor gefragt hatte, willigte ich auch direkt ein, aber unsere Beziehung durchschritt schon seit Längerem ein tiefes Tal, und ich war nicht mehr glücklich in der Beziehung. Bereits 2015 zogen für uns dunkle Wolken auf. Ich hatte meinen Rückfall und musste meine Vulva mit einer aggressiven lokalen Chemo behandeln. Die Behandlung wirkte zwar, und es war keine Operation notwendig, aber wir konnten etwa ein Jahr lang nicht miteinander schlafen. Nach einer Weile spürte ich auch, dass Benny mit der Situation immer schwerer klarkam. Einfach war es für uns beide nicht. 2016 konnten wir zwar wieder intim miteinander sein, aber es pendelte sich nie wieder auf dem hohen Niveau ein, das wir von vorher gewohnt waren. Besonders Benny hatte Probleme, sich mit diesem Level anzufreunden. Auch sonst war 2016 familiär und beruflich gerade für ihn nicht einfach, und so befanden wir uns in einer Abwärtsspirale aus Machtkämpfen, Frust und Streits.

Es gab Phasen, da weinte ich heimlich jeden Tag. Vor Benny wollte ich nicht weinen, da ich wusste, dass ihn das nur noch zusätzlich zum Negativen triggerte. Benny konnte sehr verletzend und ungerecht sein und lud häufig seinen Frust bei mir ab. Er wusste auch genau, welche Knöpfe er drücken musste, um mich zu steuern, aber auch um mich zu verletzen. Eine Situation, die mir besonders im Kopf geblieben ist, hatte mit meinem Umzugswunsch zu tun. Wir wohnten im vierten Stock, und das Treppensteigen fiel mir unheimlich schwer. Mein Körper war sehr mitgenommen und die Gelenke von meiner Lupus-Erkrankung permanent entzündet. So äußerte ich den Wunsch, umziehen zu wollen. Bennys Antwort daraufhin war: »Wenn du umziehen willst, musst du alleine umziehen. Ich hab keinen Bock umzuziehen, nur weil du Probleme mit den Treppen hast.« Er wusste, ich würde niemals ohne ihn umziehen, und war sich seiner Sache recht sicher. Damals, als er diesen Satz aussprach, fühlte es sich an, als würde man mir einen Dolch durch das Herz stoßen. Der Mann, der einst so liebevoll und fürsorglich war, schien irgendwie verschwunden zu sein. Das Podest, auf das ich ihn zuvor gestellt hatte, bröckelte und wackelte gewaltig, und obwohl es uns beiden nach wie vor an Liebe nicht mangelte, trennte ich mich nur sechs

Wochen nach unserer Hochzeit von ihm. Manchmal reicht Liebe alleine eben nicht mehr aus.

Die Trennung nahm uns beide sehr mit und bestimmte in der Folge über Monate hinweg meine Gefühlswelt. Ich konnte nicht mehr mit ihm, wollte aber ebenso wenig ohne ihn leben. Daran konnte auch die Tatsache nichts ändern, dass ich mir irgendwann einen neuen, deutlich jüngeren Freund zulegte. Ich kann nun einmal nicht alleine sein, und der junge Mann bekam eine gehörige Portion meiner Zerrissenheit regelmäßig zu spüren, ohne sich zur Wehr zu setzen. Zusätzlich lastete zu dieser Zeit ein enormer finanzieller Druck auf mir. 2016 war ich auf einen Betrüger reingefallen, der meine Spendengala in Stuttgart organisiert hatte. Wäre ich am Tag der Gala nicht mit meinem privaten Vermögen in die Bresche gesprungen, hätte die Gala abgesagt werden müssen. Das Geld sah ich leider nie wieder, und so fehlten mir runde 26 000 Euro. Da Benny kurzfristig in eine WG gezogen war, musste ich nun die Miete ganz alleine zahlen.

Auch körperlich ging es mir mal wieder nicht gut. Schon im März auf der Leipziger Buchmesse, in deren Rahmen ich mein erstes Buch vorstellte und eine Lesung vor 500 Leuten halten sollte, ging es bergab. Ich hatte aus dem Nichts starke Schmerzen und konnte plötzlich nicht mehr laufen. Glücklicherweise brachte mir mein lieber Schützling Anja ihr starkes Schmerzmittel Tramadol ins Hotel, und es wurde ein Rollstuhl für mich organisiert. *The show must go on!* Zu allem Überfluss ignorierte ich seit Monaten Schmerzen im Oberbauch und Rücken. In der Nacht des 4. Juli konnte ich diese Schmerzen nicht länger ausblenden. Abends war ich noch mit Benny und meiner guten Seele Ivonne auf dem deutsch-amerikanischen Freundschaftsfest in Wiesbaden, um den Independence Day zu feiern.

Wir hatten eine gute Zeit, und es gab standesgemäß reichlich fettiges Essen. Später in der Dusche hatte ich dann ein unangenehmes Druckgefühl und spürte beim Umdrehen ein Stechen. Ich ging in die Küche, um mir einen Fencheltee zu kochen, denn ich schob mein Unwohlsein instinktiv auf das Essen. Ivonne übernachtete bei mir, und auch mein Freund war da, als innerhalb kürzester Zeit mein Schmerzpegel massiv anstieg. Unter meiner rechten Brust und unter dem rechten Schulterblatt spürte ich einen stark brennenden, dumpfen Druck. Bis dahin dachte ich, dass der Geburtsschmerz einer Frau kaum zu übertreffen sei, doch diese Kolik überzeugte mich eindrucksvoll vom Gegenteil. Es fühlte sich an, als würde sich ein Gürtel aus Schmerz um meinen Oberbauch schlingen und mir die Luft zum Atmen rauben. Tatsächlich konnte ich nur noch schnell, flach und kurz atmen, sodass mich Panik überkam. In meiner Verzweiflung trank ich den kochend heißen Tee, ohne den Schmerz der Verbrühung wahrzunehmen. Ich wählte die 112 und rief einen Krankenwagen. Ab diesem Moment war besonders Ivonne klar: Das ist ernst! Sie kennt die Regel, dass niemand den Rettungsdienst für mich rufen darf, weil ich solche Angst vor Krankenhäusern habe. Wenig später trafen die Sanitäter ein. Da es mitten in der Nacht war, war leider kein Notarzt dabei, sodass mir kein Schmerzmittel verabreicht werden durfte – na großartig! Als ich auf einer Krankentrage aus dem Haus befördert wurde, rief ich Ivonne nur noch zu: »Ruf bitte sofort Benny an!«

Ohne Schmerzmittel dauerte die Fahrt ins Krankenhaus eine gefühlte Ewigkeit, und ich schrie vor Schmerzen. »Ihr Geschrei macht die Sache auch nicht besser!«, schnauzte mich der Fahrer an. Ich ignorierte ihn. Ich hatte tatsächlich Todesangst, denn der erste Gedanke eines Menschen, der zuvor schon einmal an Krebs erkrankt war, ist wohl meistens: »Der Krebs ist zurück und hat gestreut. Das sind bestimmt Tumorschmerzen.« Im Krankenhaus verschaffte mir ein Tropf mit Novalgin endlich Linderung. Einen Ultraschall später bekam ich die Diagnose: Ich hatte Gallensteine. Etwa zu dieser Zeit kam Benny im Krankenhaus an. Auch ihm sah ich diese Zerrissenheit an. Einerseits standen ihm Schreck und Sorge um mich ins Gesicht geschrieben, andererseits habe ich noch nie den Ausdruck von so viel Hass in seinen Augen gesehen, als er meinen Freund sah, der sich daraufhin umgehend aus der Situation zurückzog.

Die anschließende Operation überstand ich im Prinzip ganz gut, allerdings brauchte ich fast fünf Stunden, um wieder wach zu werden. Als ich schließlich auf mein Zimmer kam, wartete Benny bereits auf mich. Es war ein heißer Tag, und er hatte mir einen kleinen weißen Ventilator besorgt. Trotz unserer Trennung war es sehr wichtig für mich, dass er an meiner Seite war. Dreiundvierzig Gallensteine wurden in dieser Nacht entfernt. Sieben davon, beinahe murmelgroße Steine, übergab man mir in einer transparenten Plastikdose mit grünem Schraubverschluss als Andenken. Sie sahen aus wie karamellisierte Frühstückscerealien. Es ist schwer vorstellbar, dass sich so etwas im eigenen Körper befinden kann! Aufgrund meiner Krankenhausaversion, die sich schon vor Jahren während meiner Krebserkrankung entwickelt hatte, konnte ich es kaum erwarten, entlassen zu werden. Aber ich spürte, dass sich in mir etwas zusammenbraute, denn zu Hause holten mich meine ganzen Probleme wieder ein.

2017 war außerdem ein Jahr, in dem ich einige sehr lieb gewonnene Schützlinge verlor. Selbstverständlich sorge ich mich um all meine Schützlinge, aber es ist menschlich, dass man einigen näher steht als anderen. Besonders Martinas Tod Ende August sollte seine Spuren hinterlassen. Obwohl ich Martina nur einige Monate betreut hatte, war sie mir sehr ans Herz gewachsen. Sie war zu der Zeit 43 Jahre alt, hatte Bauchspeicheldrüsenkrebs, lebte getrennt von ihrem Mann und hatte einen dreijährigen Sohn. Sie war eine extrem liebe, spirituelle Person und eine echte Kämpfernatur. Auch in ihrem Fall begleitete ich den Sterbeprozess und besuchte sie zunächst im Krankenhaus, später dann im Hospiz. Dass dieser Vorgang eine Belastung darstellte, liegt in der Natur der Sache, aber erst im Nachgang erlebte ich leider nicht zum ersten Mal die wahre Schattenseite meiner Arbeit.

Martina hatte die Befürchtung, dass ihre letzten Wünsche von ihrer Familie nicht respektiert und umgesetzt werden würden. Um dem vorzubeugen, bat sie mich frühzeitig, einige Dinge in ihrem Sinne zu regeln. Dafür stellte sie mir vertrauensvoll eine Generalvollmacht aus. Unter anderem hatte sie den Wunsch nach einer Kristallbestattung. Dafür musste ihr Körper von einem Bestattungsunternehmen in die Schweiz überführt werden, damit er dort verbrannt werden konnte. Anschließend wurden aus einem Teil der Asche Kristalle in Herzform und mit Goldplättchen verziert für ihren Sohn und ihre beste Freundin angefertigt. Ihre beiden liebsten Menschen sollten auf diese Weise eine manifestierte Erinnerung an Martina erhalten. Dass insbesondere ihr Sohn einen Teil von ihr wird behalten können, war ein tröstlicher Gedanke für Martina. Er war schließlich erst drei Jahre jung, und ich konnte den Wunsch, nicht vergessen zu werden, nur allzu gut nachvollziehen. Üblicherweise wird der Rest der Asche anschließend an einem schönen Ort verstreut. Martinas besonderer Wunsch war es aber, den Rest der Asche zurück nach Deutschland senden zu lassen, um dort regulär bestattet zu werden, damit auch die restlichen Angehörigen und Freunde einen Ort hätten, an dem sie ihrer gedenken könnten. Weitere Wünsche umfassten vier Lieder, die auf dieser Beisetzung gespielt werden sollten: »The Power of Love« (Frankie Goes To Hollywood), »Bis in alle Ewigkeit« (Santiano), »With or Without You« (U2), »Nur zu Besuch« (Die Toten Hosen). Martina war kein Mitglied einer Kirche, wünschte sich aber dennoch, dass eine geistliche Person die Trauerrede halten sollte. Ich fragte also meine Freundin und evangelische Pfarrerin Doro, die ursprünglich die kirchliche Trauung von Benny und mir hätte durchführen sollen, zu der es nie gekommen war, ob sie das übernehmen könnte. Sie sagte mir, es sei ihr eine Ehre, einige Worte an die Trauergemeinde, nicht offiziell in ihrer Funktion als Pfarrerin, aber als freie Rednerin zu richten. Doro besuchte daraufhin den Vater, um sich auf die Trauerrede vorzubereiten. Sie berichtete mir anschließend von einem unangenehmen, beinahe unhöflichen Gespräch. Martina hatte zu ihrer Zeit im Hospiz die Leitung dort informiert, dass sie keinen Besuch von ihrem Vater wünschte. Beide waren zerstritten, und Martina wollte in Frieden und vor allem auf ihre Weise diese Welt verlassen. Ich erinnere mich in diesem Zusammenhang gut an die Erleichterung, die sie verspürte und auch äußerte, als sie damals ihre Unterschrift unter die Vollmacht setzte. Der Vater projizierte wohl den Frust darüber, bei dem gesamten Vorgang außen vor zu sein, auf mich. Ich hinterließ deshalb meine Handynummer bei der Leitung des Hospizes mit dem Hinweis, er könne mich gerne kontaktieren und dass ich auch für ihn da wäre, sollte das sein Wunsch sein. Mein Angebot nahm er nicht wahr, stattdessen bekam ich auf Facebook die Drohung, dass es »böse für mich enden könnte«, sollte ich auf der Beisetzung auftauchen. Um weiteren Streit zu vermeiden, zog ich mich aus der Organisation der Trauerfeier zurück. Auch Doro nahm folgerichtig nicht daran teil. Der Vater hatte obendrein bei der Leitung der evangelischen Kirche in dieser Region angefragt, ob es überhaupt eine Pfarrerin unter diesem Namen gebe und ob es denn rechtens sei, dass sie als »Angestellte« des Unternehmens FUCK CANCER Beisetzungen organisiere und Trauerfeiern abhalte. Doro wurde daraufhin zu einem Gespräch bestellt. Natürlich waren diese Anschuldigungen totaler Unfug, und ihr entstand dadurch letztlich kein wirklicher Nachteil, aber auch sie hatte sich das anders vorgestellt und war entsetzt über diese Entwicklungen. Die Kristallbestattung hatte ich zwar in Martinas Sinne durchführen lassen, die restlichen Wünsche konnte ich aber leider nicht realisieren, was mir unheimlich leidtat. Keines ihrer sorgfältig ausgesuchten Lieder wurde auf der Trauerfeier gespielt, wie mir ihre beste Freundin Sylvia später berichtete. Der Vater meldete sich dann aber doch noch telefonisch bei mir. Tatsächlich wollte er wissen, wer denn jetzt die Trauerfeier bezahlen würde. Es widerstrebte mir, diese Dreistigkeit zu belohnen, nachdem ich aktiv von allem ausgeschlossen wurde und Martinas Wünsche nicht respektiert wurden. Aber mein Versprechen an Martina, sowohl die Bestattung in der Schweiz als auch in Deutschland zu übernehmen, wollte ich trotzdem erfüllen. In meiner inzwischen jahrelangen Erfahrung im Umgang mit sterbenden Menschen und ihren Angehörigen ist dies leider kein Einzelfall. Ich verstehe grundsätzlich, dass sich die Familie in einer Extremsituation befindet und womöglich eine lange Leidensgeschichte hinter sich hat, die auch immer eine Zerreißprobe für alle Beteiligten bedeuten kann. Völlig unabhängig von den Gründen, die letztendlich zum innerfamiliären Streit geführt haben, bin ich aber in erster Linie für meinen Schützling da. Ganz rational gesehen, hat der Vater in diesem Fall eine Menge Geld gespart, während ich grundlos bedroht wurde. Ein derartiges Verhalten lässt mich zeitweise den Glauben an meine Arbeit verlieren und kostet mich viel Kraft.

Meine rastlose Suche nach Ablenkung führte mich im selben Jahr zu einem Intermezzo mit der Punk-Musik. Die Jungs in der Band Serum 114 sind alte musikalische Wegbegleiter von Benny, und irgendwann entstand die Idee, ein Duett für ihr damals neues Lied »Ich lebe« zu produzieren und sie im Anschluss auf ihrer Cub-Tour zu begleiten. Den Oktober und November war ich quasi durchgehend unterwegs, während ich meine Fühler bereits nach neuen Ufern ausstreckte. So begab es sich, dass mein Produzent und Regisseur mit der Idee zu »Voller Leben – meine letzte Liste« auf mich zukam. »Voller Leben« sollte eine Dokumentationsreihe werden, für die ein Kamerateam meine Arbeit begleitet. Im Kern erarbeite ich mit einem Schützling eine Art »Löffelliste«, und anschließend versuche ich einige dieser letzten Wünsche zu erfüllen. Ich war, ehrlich gesagt, zunächst skeptisch, insbesondere als ich hörte, dass die Sendung bei RTL II laufen sollte, ein Sender, der für mich eher für Trash-TV-Formate wie »Berlin – Tag & Nacht« oder das besonders gruselige »Love Island« steht. Da das Konzept der Sendung aber vorsah, die Geschehnisse nicht zu scripten, sondern meine Arbeit authentisch darzustellen, war ich schließlich mit Feuereifer dabei. Mit dem Budget eines etablierten Fernsehsenders im Rücken war es mir nun möglich, einigen Schützlingen Wünsche zu erfüllen, die die finanziellen Mittel von FUCK CANCER überstiegen. Zudem war es eine Möglichkeit, den Bekanntheitsgrad meiner Organisation und, ja, auch von mir selbst, zu erhöhen. Der wichtigste Faktor bestand jedoch darin, dass ich für einige Monate auf der sicheren Seite war, da nun ausreichend Ablenkung und Arbeit vor mir lag. Bis Ende März führten mich meine Reisen durch ganz Deutschland und außerdem nach Österreich auf den Stubaier Gletscher, Tromsö in Norwegen und New York. Die Situation mit Benny war nach wie vor schwierig, nach New York und Norwegen begleitete er mich aber, und wir begannen uns emotional wieder anzunähern.

Ich glaube, besonders für Benny war es zu dieser Zeit wichtig, dass wir uns nach jahrelanger Arbeit den gemeinsamen Traum erfüllten und unser Musikalbum aufnahmen. Wir hatten uns 2011 ganz klassisch auf einem Konzert kennengelernt und zunächst nur angefreundet. Ich hatte damals wieder Lust zu singen und wollte eine Band starten. Ich wusste, dass Benny Gitarre spielt, und er war direkt dabei. Es dauerte anschließend nicht lange, und wir verliebten uns ineinander. Die Band, die wir irgendwann ATAME nannten, was im Spanischen so viel wie »fessle mich« bedeutet und auf meiner Unterlippe tätowiert ist, hatte über die Jahre allerdings keine hohe Priorität für mich. Zu häufig wechselte unser Line-up, und insbesondere unsere Schlagzeuger waren entweder schlecht, unzuverlässig oder im schlimmsten Fall beides. Ich verlor immer wieder das Interesse, doch Benny ließ sich nur selten entmutigen und arbeitete häufig an den Liedern für das Album. Die Hälfte dieser Lieder sind von mir inspiriert, weshalb das Album auch den Titel »Borderline« trägt. Nachdem wir mal wieder nur noch zu dritt mit unserem treuen zweiten Gitarristen Martin waren, beschlossen wir, mit dieser Konstellation ins Studio zu gehen und das Album aufzunehmen. Einen Schlagzeuger engagierten wir für die Aufnahmen, den Bass steuerte unser Produzent Niklas bei, ein alter Freund und ehemaliger Gitarrenlehrer von Benny. Eine Menge Emotionen und Herzblut stecken in den elf Liedern, und ich glaube rückblickend, dass die Aufnahmen dazu beigetragen haben, unsere Ehe zu retten.

Doch auch die produktivste Phase geht einmal zu Ende. Die Aufnahmen für unser Album waren im Kasten, und alle Folgen für die erste Staffel »Voller Leben« waren abgedreht und inzwischen auf Sendung. Ich hatte mir den Sender etwas entscheidungsfreudiger in Bezug auf eine zweite Staffel vorgestellt, aber nach Monaten der Dauerbeschäftigung klafften in meinem

Terminkalender plötzlich wieder große Lücken. Von meinem Freund war ich inzwischen getrennt, trotzdem trauten Benny und ich uns nach all dem Schmerz noch nicht, wieder zusammenzuziehen. Ich hatte Angst davor, dass alles wieder so werden würde wie früher, wenn er nach Hause kommt. Ich war zu dieser Zeit viel alleine, und wir wissen ja inzwischen, wie das ausgeht. Es fühlte sich an, als würde ich ein volles Glas Wasser mit ausgestrecktem Arm vor mir halten und das Brennen im Arm vernehmen, bevor ich ihn schließlich sinken lassen musste. Wie Kassandra aus der griechischen Mythologie sehe ich das Unheil vorher, bin aber zumeist unfähig, etwas dagegen auszurichten, und finde häufig kein Gehör – nicht einmal von Benny. Er wirkte zu dieser Zeit abgestumpft und schien meinen Zustand nicht ernst zu nehmen. Ich schickte ihm eine ganze Reihe von Links zu Borderline-Verhaltensweisen, von denen ich wollte, dass er sie liest, weil ich so auf mehr Verständnis hoffte, aber seine Antwort war nur: »Es ist doch immer irgendetwas, und ich kann es sowieso nicht ändern.« Ich fühlte mich unverstanden und alleine, und ein heftiger Streit entwickelte sich, an dessen Ende ich vor lauter Zorn den Wohnzimmertisch umwarf. Ich hatte keine Kraft mehr, und das schwarze Loch meiner Psyche sog mich wieder tief in sein dunkles, gefühlloses Nichts. Ich konnte nicht einmal weinen. Ich saß antriebslos auf der Couch, und selbst der Gang auf die Toilette war eine Herausforderung für mich. In diesem Zustand rede ich viel mit mir selbst. »Steh auf ... STEH ENDLICH AUF!«, rufe ich mir zu, aber die bleierne Leere in mir blockiert fast jede Kommunikation mit mir selbst. Es musste etwas passieren! Benny war zwischenzeitlich im Begriff, seine WG zu verlassen und sich eine feste Wohnung zu suchen, was unseren zweiten Versuch mit Sicherheit weiter verkompliziert und erschwert hätte. Also setzte ich alles auf eine Karte und überzeugte ihn von einem gemeinsamen Urlaub in Amerika.

Wir flogen nach Las Vegas, und irgendwie passte von Anfang an alles. Wir waren in einem Hotel am Ende des Strips mit Blick auf die Wüste. Einerseits waren wir so nah am Geschehen, konnten uns zwischendurch aber auch die nötige Ruhe gönnen. Die Atmosphäre in der Stadt war noch mehr als sonst elektrisierend. Das Eishockey-Team »Las Vegas Golden Knights« stand völlig überraschend in seiner Debütsaison im Finale des Stanley Cups. Ganz Las Vegas befand sich deswegen im Ausnahmezustand. Benny und ich zogen einige Male durch die Casinos. Überall gab es Livemusik in den Straßen, und in den Bars drängten sich die Menschen um die TV-Geräte, in denen Eishockey-Übertragungen liefen. Es war eine unvergleichliche Stimmung. Wir bewegten uns in einer Blase, in der wir unsere eigene, private Party feierten, umgeben von einer gigantischen Party, die niemals zu enden schien. Wir gingen wieder eine Symbiose ein, wie wir sie schon in den ersten Jahren unserer Beziehung hatten. Soweit es meine Vorerkrankungen zuließen, ging es auch meinem Körper besser.

Nach einer Woche Aufenthalt in Las Vegas reisten wir weiter. Am Strand von Santa Cruz saßen wir einfach im Sand, über uns die warme, kalifornische Sonne, hinter uns das Treiben auf dem berühmten Boardwalk. Benny saß hinter mir und hielt mich fest umschlungen. Ich fühlte mich geliebt, begehrt, umsorgt und sicher in seinen Armen. Dieser Moment ist mir als Zustand von Erfüllung und Perfektion in Erinnerung geblieben. Die Zeit schien stillzustehen, und ich wünschte mir, dieser Augenblick würde nie enden. Schon früher hielt er mich immer fest, wenn es mir schlecht ging, und flüsterte dann leise in mein Ohr: »Wenn ich Dich so festhalte, kann Dir nichts passieren.« Und ich glaubte ihm. Endlich konnte ich mich wieder komplett fallen lassen, und es war nicht die Art von Dauerstress, die ich mir als Ablenkung und fragwürdige Katharsis permanent zurechtlege. Es fühlte sich an wie eine echte Reinigung und ein Neubeginn für meinen Mann und mich.

Natürlich endete unser gemeinsamer Urlaub irgendwann, doch ich war noch nicht bereit für den Rückflug nach Deutschland. Zu schön war die Zeit gewesen. Allerdings musste Benny aus beruflichen Verpflichtungen zwingend zurück, und so blieb ich alleine in Kalifornien. Wer hoch fliegt, kann tief fallen. Am Tag seiner Abreise, für die er mit einem Mietwagen zurück nach Las Vegas fahren musste, war ich am Boden zerstört. Aber es war nicht die Leere, die mich diesmal einholte, sondern das Gegenteil war der Fall. Ich empfand tiefe Trauer und war in einem Meer aus Tränen aufgelöst. Ich fuhr ihm sogar hinterher, rief ihn währenddessen verzweifelt an und flehte ihn geradezu an, dass er bei mir bleiben müsse. Leider passiert so etwas nur im Märchen. Im wahren Leben müssen Deadlines eingehalten und Rechnungen bezahlt werden. Meinem Borderline-Kopf und meinem Herzen voller Liebe war das in diesem Moment jedoch egal. Noch Tage später fing ich wie aus dem Nichts immer wieder an zu weinen. Alles erinnerte mich an Benny. Ich konnte nicht einmal einkaufen gehen, ohne dass mich Gedanken wie »hier haben wir auch zusammen eingekauft« oder »das amerikanische Bier kann er nicht ausstehen« einholten und ich unwillkürlich anfing zu heulen wie ein Schlosshund. Fremde Menschen kamen zu mir und fragten mich, ob alles mit mir in Ordnung sei und ich Hilfe bräuchte. Ich liebe Kalifornien, und auch wenn ich in Deutschland lebe, ist das meine wahre Heimat. Mein anderes Zuhause ist mein Mann, und nur wenn beides vereint ist, kann ich wirklich glücklich sein. In einer perfekten Welt lebe ich mit meinem Mann und meinen zwei wundervollen Kindern in Kalifornien, aber leider wird das für immer nur ein Traum bleiben.

3.3 Was bleibt

Ich leide unter Depressionen. Zunächst möchte ich mit dem nach wie vor vorherrschenden Vorurteil aufräumen, dass jemand im medizinischen Sinne depressiv ist, wenn er traurig ist, weil er vielleicht Probleme im Job oder in der Beziehung hat. Das ist falsch! Ich würde so etwas vielleicht als Lebenskrise bezeichnen, und jeder von uns kennt das. Eine Depression hingegen ist eine psychische Störung beziehungsweise Erkrankung. Die Depression ist mein täglicher Begleiter, und das wird auch in Zukunft so sein. Selbst wenn es mir augenscheinlich gut geht, erlebe ich in meinem speziellen Fall der Borderline-Depression immer wieder Momente chronischer Leere. Stehe ich zu lange still, kann es sein, dass ich darin hängen bleibe und nur schwer wieder herauskomme. Für Menschen, die davon nicht betroffen sind, ist es kaum möglich, diesen Zustand nachzuvollziehen. Ich möchte dafür die Metapher des letzten Abschnitts, den dunklen Raum, dessen Ausgang ich nicht finde, erweitern. In diesem Raum befinden sich meine Emotionen in Schränken. Ist alles in Ordnung und der Raum beleuchtet, kann mein Gehirn wie das eines normalen Menschen eine Schranktür öffnen und sich gezielt an einer Emotion bedienen. Ist das Licht ausgeschaltet, habe ich keinen Zugriff mehr auf Freude, Trauer, Lust und Empathie. Manchmal stoße ich zufällig auf eine willkürliche Emotion, was einem manischen Impuls gleichkommt, wenn ich plötzlich anfange, den Garten umzugestalten, aber ich tappe dabei buchstäblich im Dunklen.

Da es in diesem Kapitel bereits um Musik ging, versuche ich es außerdem mit einer Textzeile aus dem Lied »One« von Metallica. Es ist mir bewusst, dass es sich dabei um ein Anti-Kriegs-

Lied handelt, aber der Zustand, in dem sich ein Soldat ohne Gliedmaßen befindet, dem eine Landmine darüber hinaus praktisch alle Sinne geraubt hat, kommt dem gleich, was ich empfinde beziehungsweise nicht empfinde, wenn ich tief depressiv bin, zu Deutsch frei übersetzt ungefähr so:

Dunkelheit sperrt mich ein
Alles, was ich sehe
Absoluter Horror
Ich kann nicht leben
Ich kann nicht sterben
Gefangen in mir selbst
Mein Körper ist meine Gefängniszelle

Ich habe große Angst vor diesem Zustand, denn das einzige Gefühl, das mich zuverlässig einholt, ist der warme Gedanke daran, mein Leben und damit die Leere zu beenden und sie womöglich durch eine andere anderen zu ersetzen. Aber ich liebe das Leben und habe mich dafür entschieden. Aus diesem Grund versuche ich, so gut es geht, beschäftigt zu bleiben. Mir ist bewusst, dass diese Lebensweise stressig ist und für mein Umfeld und mich eine Belastung darstellt. Die einzige Alternative wäre allerdings die dauerhafte Einnahme von Antidepressiva. Ein Jahr lang habe ich diese in der Vergangenheit bereits eingenommen. Das war gut und richtig, damit ich in meiner damaligen Verhaltenstherapie überhaupt zugänglich wurde, denn ohne konnte meine Therapeutin nicht zu mir durchdringen. In jenem Jahr war ich aber irgendwann nicht mehr ich selbst. Ja, ich konnte fühlen, aber ich empfand Gefühle nur sehr gedämpft, und auch mein Wesen und meine Persönlichkeit veränderten sich. Das möchte ich nicht. Ich möchte als Individuum leben, lieben und geliebt werden.

Die Arbeit mit todkranken Menschen inspiriert mich in diesem Zusammenhang. Ich muss zugeben, dass diese Arbeit auch ein Stück weit selbstverletzendes Verhalten ist und mir psychisch zusetzt. Wenn ich aber sehe, wie sehr Menschen wie Tanja, Martina, Michelle oder so viele andere an ihrem Leben hängen, denke ich mir häufig: »Sie haben hart um ihr Leben gekämpft, also werde ich das auch tun!«

Auch mein Mann ist mir phasenweise eine große Hilfe und ein Grund, weiterzumachen. Dennoch ist diese Symbiose, die wir zeitweise miteinander eingehen, ein zweischneidiges Schwert. Einerseits ist sie wie Therapie oder gar besser. Mein Geist erreicht den Zustand von Erfüllung und Perfektion. Gesundet mein Geist, geht es auch meinem Körper besser, zumindest in einem Maße, wie es meine Vorerkrankungen zulassen. Andererseits kann ich dann nicht anders, als ihn und unsere Gefühle zueinander zu idealisieren, und niemand kann diesen Anforderungen dauerhaft gerecht werden. Er sagte mir mal, dass sich die Beziehung mit mir wie eine Sinuskurve mit extremen negativen und positiven Amplituden anfühlt. Ja, so redet mein Mann … Das bedeutet im Prinzip, dass die Gefühle zwischen uns permanent schwanken und die Höhen und Tiefen besonders ausgeprägt sind. Ich hoffe trotzdem sehr, dass unsere Liebe zueinander immer eine Konstante sein wird, um es mal mit seinen Worten auszudrücken.

ZWÄNGE

Kapitel 4

4.1 Die Gegenwart

Der Lockdown ist im vollen Gange und wird für viele Menschen – mich eingeschlossen – zu einer echten Belastungsprobe. Benny hat aktuell noch Restarbeit aus Aufträgen vor der Krise, deshalb bin ich einen Großteil des Tages auf mich alleine gestellt. Ich versuche, so gut es geht, gegen die innere Leere anzukämpfen, die meine Seele täglich ein Stückchen mehr zu vertilgen droht. Jeden Tag verfolge ich angespannt Pressekonferenzen und Statistiken zu 7-Tage-Inzidenzen, Reproduktionszahlen und Diskussionen über die richtige Strategie von »Flattening the Curve« bis hin zur Triage, also der unweigerlichen Priorisierung von Patienten, sollte unser Gesundheitssystem, insbesondere die Kapazität von Beatmungsgeräten und Intensivbetten, an seine Grenzen stoßen. Obwohl – oder gerade weil – ich unzählige Stunden damit verbringe, mich zu informieren, wächst meine Angst nur noch weiter, da es über die Sterblichkeit und Infektionswege nach wie vor nur Theorien gibt. Schon in einer normalen Grippesaison bin ich sehr zwangsgesteuert, aber immerhin kenne ich die genauen Risiken und weiß zum Beispiel, dass Grippeviren bis zu acht Stunden auf Gegenständen überleben und ansonsten in erster Linie per Tröpfcheninfektion übertragen werden. All das ist beim Coronavirus derzeit ziemlich unklar, es spricht aber vieles dafür, dass neben der Tröpfcheninfektion auch Aerosole als Übertragungsweg fungieren und damit die Atemluft anderer Menschen in der Nähe zu einem Risiko wird. Unser wöchentlicher Einkauf ist vor diesen Hintergründen ein wahrer Spießrutenlauf, und die maximale Kontrolle der Abläufe wird fast zur Besessenheit für mich. Ich gehe in den Großhandel, weil dort weniger Menschen sind. Die Griffe des Einkaufswagens reibe ich mit Desinfektionstüchern ab. Benny nehme ich zwar mit hinein, doch anfassen darf er dort nichts. Ich glaube, es ist ihm etwas unangenehm, an der Kasse zu stehen und mich die ganze Arbeit machen zu lassen, aber ich trage trotzdem lieber alles selbst. Dennoch habe ich keine Sekunde Ruhe im Kopf und beobachte alles ganz genau. Nach jedem einzelnen Artikel, den ich aus dem Regal nehme und in den Einkaufswagen lege, desinfiziere ich mir die Hände. Während der Inhalt des Fläschchens mit dem Desinfektionsmittel rapide abnimmt, steigt auch der Stresspegel in meinem Kopf linear an. Mit dem Verlassen des Großhandels ist allerdings noch lange keine Entspannung in Sicht. Zu Hause angekommen, trage ich alleine sämtliche Taschen ins Haus, während ich penibel darauf achte, dass Benny die Schuhe vor dem Haus auszieht und sich die Hände wäscht. Zusätzlich mariniere ich ihn gründlich in Desinfektionsmittel. Der fest verpackte Teil des Einkaufs wird anschließend mit Flächendesinfektionsmittel eingesprüht und eine Minute stehen gelassen, bis er mit klarem Wasser abgespült und abgetrocknet wird. Brot wird mit der rechten Hand aus der Papierhülle entfernt, während ich mit der linken Hand den Backofen öffne und ihn bediene. Das Brot wird dann acht Minuten erhitzt, bis ich der Meinung bin, alle potenziellen Viren vernichtet zu haben. Überhaupt versuche ich nach Möglichkeit Brot selbst zu backen, um den Gang zum Bäcker gänzlich zu vermeiden. Die tägliche Post landet außerdem in unserer designierten innerhäuslichen Quarantänezone, bis ich diese ebenfalls desinfiziert habe. Die Befriedigung meiner Zwänge ist auf Dauer sehr kraftraubend für mich und nicht zuletzt wohl auch für mein Umfeld.

Normalerweise genieße ich es, meine Lieblingsserien auf Netflix und Co. zu bingen, aber selbst das beginnt seinen Reiz zu verlieren. Benny versucht mich von Zeit zu Zeit zu überreden, wenigstens mit ihm spazieren zu gehen. Kann ich mich dazu überwinden, gehen wir eine Runde über den nahe gelegenen Friedhof. Ich habe dort keine Angehörigen, aber ich mag die friedliche Atmosphäre, und außerdem ist er angenehm ebenerdig, denn das Laufen bereitet mir zunehmend große Anstrengung. Meine Kondition ist auf einem neuen All-Time-Low angelangt. Noch störender ist allerdings die Situation zwischen meinen Beinen. Es brennt bei jedem Schritt. Schon seit einigen Monaten betäube ich jede Nacht und manchmal auch tagsüber meine Vagina mit einer in den USA frei verkäuflichen Salbe. Die Probleme selbst schiebe ich auf die Wechseljahre oder die Tatsache, dass es sich zum Teil um Narbengewebe handelt. Inzwischen hat sich die Situation verschlimmert. Wer tätowiert ist, kennt wahrscheinlich das Gefühl, dass sich ein Tattoo ab und zu »aktiviert« und für ein paar Stunden grundlos anfängt, schmerzhaft juckend zu beißen. Man möchte dann immer kratzen, aber besser wird es dadurch nicht. Aktuell einen Arzttermin wahrzunehmen kommt aber nicht infrage!

Es ist der dreizehnte Mai und damit mein 43. Geburtstag. Seit meinem letzten USA-Aufenthalt hat es meine innere Uhr noch immer nicht ganz geschafft, wieder auf unsere mitteleuropäische Zeitzone umzustellen. Es fehlt der Grund dafür in diesem

Lockdown. Meistens bekomme ich nur vier bis fünf Stunden Schlaf. Ich leide aktuell unter Insomnia, ich kann also meistens gut einschlafen, weil ich wirklich erschöpft bin, werde aber ständig wieder wach. Das ist im Übrigen ein typisches Anzeichen für Depression. Wie so häufig werde ich an diesem Tag erst gegen elf Uhr wach und blinzle verschlafen in das dunkle Zimmer. Benny ist wie üblich schon eine Weile wach und bestimmt in seinem Arbeitszimmer. Franzi ist seit gestern auch hier und befindet sich vermutlich im Wohnzimmer, denn sie besucht uns über meinen Geburtstag und womöglich darüber hinaus, da die Corona-Regeln dies inzwischen wieder zulassen. Ich stehe auf und schlurfe mit halb geöffneten Augen ins Badezimmer, um aufs Klo zu gehen. Ich ziehe meinen Slip herunter und bin plötzlich hellwach, als ein beißender Höllenschmerz in meinen Schritt fährt. Ich hatte bereits am Abend zuvor bemerkt, dass meine Hautirritationen noch ausgeprägter waren als sonst, hatte allerdings keine größeren Beschwerden als sonst empfunden. Einen Slip zieht man ja instinktiv nicht vorsichtig aus. Diese Bewegung macht man Zehntausende Male in seinem Leben und ist dabei freilich völlig unbedarft. Heute ist es hingegen so, als hätte man ein Pflaster, das sich mit einer nicht vollständig verheilten Wunde verklebt hat, abgerissen und die Kruste dabei mit entfernt. Tatsächlich bleibt ein Teil der Haut meiner Vulva bis hin zu den Übergängen an den Oberschenkeln mit am Slip hängen. Ich stoße einen lauten Schrei aus, der offenbar durch Mark und Bein geht, denn Benny eilt sofort zu mir, und auch Franzi ist aufgeschreckt, bleibt aber vor der Tür stehen. Verzweifelt und schluchzend erzähle ich Benny, was passiert ist, und bitte ihn, einen Blick darauf zu werfen. Zitternd begebe ich mich zurück ins Bett und lasse ihn dort die Situation mit der Taschenlampe seines Handys begutachten. »Das sieht nicht gut aus, Du solltest echt zum Arzt gehen. Da fehlt teilweise Haut, und das Fleisch darunter liegt offen. Es ist rot und etwas geschwollen«, berichtet er mir in bemüht ruhigem, analytischem Ton. »Meine Mumu und ich werden in diesem Leben wohl keine Freunde mehr«, schluchze ich leise und wische mir die Tränen aus dem Gesicht.

Meinen Geburtstag verbringe ich breitbeinig und untenrum nackt unter einer Decke liegend auf der Couch. In den ersten Jahren meiner Beziehung mit Benny wäre dieselbe Beschreibung des Geburtstages ironischerweise eine sehr angenehme gewesen, nur dass wir abends sicher noch ausgegangen wären. Gut, wir hätten dank Corona heute sowieso nichts unternehmen können, aber etwas besser hatte ich mir den Tag dann doch vorgestellt. Eigentlich wollte ich einen Kuchen backen, aber wenn ich mich zwischendurch mal bewegen muss, watschle ich wie eine Ente durchs Haus. Soll das jetzt wieder mein Leben sein? Gedanken an meine Krebserkrankung kommen in mir hoch, und ich komme mir ausgeliefert und verwundbar vor. Es fühlt sich an, als liefe mein Leben rückwärts, zurück in eine Zeit, als ich krank, pleite und hilflos war. An meine enge Freundin Nina, bei der ich mich länger nicht gemeldet habe, weil ich mich in depressiven Phasen lieber zurückziehe, als mich mitzuteilen, schreibe ich per WhatsApp, was passiert ist, und ergänze: »Ich kann nicht mehr, ich habe solche Angst.« Nina antwortet per Sprachnachricht und heult Rotz und Wasser, was wiederum mich zum Weinen bringt. Es ist der traurigste Geburtstag seit Langem! Daran kann auch meine Mutter nichts ändern, die mich am Nachmittag besuchen kommt. »Ei, Myriam, da musst Du doch sofort zum Arzt gehen«, beschwört sie mich mit dem vorwurfsvollen Unterton, der mich immer triggert und zuverlässig eine Antireaktion meinerseits provoziert. Ich weiß, meine Mutter meint es nur gut, und recht hat sie natürlich auch, aber mich unter Druck zu setzen bringt nun einmal gar nichts und bewirkt grundsätzlich das Gegenteil.

Franzi besorgt mir auf meinen Wunsch hin diverse Salben, mit denen ich in den folgenden Tagen meine Symptome auf eigene Faust behandle. Sitzbad nehmen, eincremen, breitbeinig liegen und wiederholen. Die Wunden bluten oder nässen aber weiter. Ja ich weiß, ich hätte eigentlich sofort zum Arzt gehen müssen, besonders bei meiner Vorgeschichte, aber die Angst vor einem möglichen Rückfall ist kaum zu überwinden und übersteigt aktuell meine Beschwerden. Früher lag Benny mir jedes Mal in den Ohren, wenn es mir mal nicht gut ging und ich in seinen Augen viel zu selten einen Arzt aufsuchte. Inzwischen hat er, glaube ich, aufgegeben und geht den Streitigkeiten, die durch diesen Druck entstehen, lieber aus dem Weg. Verdenken kann ich es ihm nicht. Ich kann einfach nicht aus meiner Haut. Zwei volle Tage sind inzwischen vergangen, und es ist leider keine Besserung eingetreten – im Gegenteil. Ich untersuche mich regelmäßig und taste alles vorsichtig ab. Meine linke Schamlippe ist stark geschwollen, und zu meinem Entsetzen stelle ich sogar zwei Knubbel fest. Die linke Seite ist ausgerechnet die wiederhergestellte nach meiner halbseitigen Vulvektomie. Dort befand sich vor 18 Jahren der Tumor, der mein Leben für immer veränderte. Die rechte Seite ist nur leicht geschwollen, hat aber ebenfalls einen Knubbel, der allerdings kleiner ausfällt. Ich bin sofort retraumatisiert und fange an zu zittern. Ich gestehe mir ein, dass der Gang zum Arzt nun unabdingbar ist und ich mich meinen Dämonen stellen muss. An Kontakten mangelt es mir durch meine Arbeit immerhin nicht. Prof. Dr. Steiner ist Chefarzt im Krankenhaus Rüsselsheim, und ich kenne ihn inzwischen seit Jahren. Er ist eine echte Koryphäe auf seinem Gebiet, und bei besonders schweren Fällen bin ich schon einige Male mit meinen Schützlingen zu ihm, um seine Meinung einzuholen. Zuletzt war ich mit Tanja bei ihm, aber auch er konnte leider nichts mehr für sie tun. Ich selbst war noch nie bei ihm in Behandlung. Ich möchte die professionelle Ebene und meine privaten Beschwerden lieber auseinanderhalten, aber heute ist der Moment gekommen, ihn um Hilfe für mich zu bitten, da ich bei meinem festen Gynäkologen erst einen Termin in sechs Monaten (!) bekommen hätte und ich dort ohnehin nicht mehr zufrieden war. Ich schreibe ihm also eine E-Mail und erhalte umgehend eine Antwort. Es ist Freitag, und er bittet mich, am Montag zu ihm ins Krankenhaus zu kommen.

Zwei Tage lang durchlebe ich die pure Hölle, da ich nun Zeit habe, mir Sorgen zu machen, und meine depressive Leere füllt sich zum Teil mit Angst. Habe ich Angst, bin ich wie ein Raubtier im Käfig, das man immer wieder reizt, indem man mit einem Stock auf die Gitterstäbe eindrischt. Ich werde schnell aggressiv, beiße zumindest verbal um mich und kann sehr leicht ungerecht werden. Die Fahrt von Limburg nach Rüsselsheim ins Krankenhaus dauert eine gefühlte Ewigkeit. Benny fährt mich zwar, aber aufgrund der Corona-Beschränkungen darf er mich nicht in das Krankenhaus begleiten, was für mich wie ein wahr gewordener Albtraum ist. Denn genau davor habe ich in dieser Pandemie die meiste Angst. Ich kann mir gar nicht ausmalen, wie es wäre, müsste ich stationär in ein Krankenhaus aufgenommen werden. Ich dürfte nicht einmal von Benny Besuch empfangen und wäre ganz alleine. Ich darf jetzt nicht kaputtgehen! Während der Fahrt hält Benny meine Hand, und wir reden nicht viel. Er weiß, dass er einfach da sein muss, und es bedarf keiner großen Worte. Vor der Anmeldung im Krankenhaus wartet bereits eine lange Schlange Menschen auf mich und meine Zwänge. Die anderen Patienten tragen ordnungsgemäß Masken und halten den gebotenen Abstand ein. Dennoch schlagen meine Zwangsgedanken aus wie ein Geigerzähler vor einem Atomreaktor. Ich versuche meine aufkommende Panik so gut es geht wegzuschieben, da mir hier keine Wahl bleibt. Zunächst wird meine Temperatur mit einem kontaktlosen Stirnthermometer gemessen. Das ist für mich in Ordnung. Anschließend muss ich meine Stammdaten schriftlich hinterlegen. Dafür gibt es einen Kugelschreiber, den vor mir schon Hunderte oder gar Tausende Menschen angefasst haben. Ich ärgere mich, nicht an einen eigenen Stift gedacht zu haben, und trage mich ein, bevor ich auf dem Weg in die Gynäkologie an jedem der zahlreichen Spender für Handdesinfektionsmittel haltmache, um meine Zwänge wenigstens ansatzweise zu befriedigen. Trotzdem bin ich klatschnass geschwitzt, als ich mir meinen Weg durch das ansonsten ungewöhnlich leere Krankenhaus bahne. Bei der Anmeldung der Gynäkologie angekommen, warten bereits zwei Frauen darauf, aufgerufen zu werden. Da ich keinen Termin habe und nur dazwischengeschoben werde, muss ich aber nur zehn Minuten warten. In diesen zehn Minuten bin ich am Limit meiner Belastbarkeit, und massive Herzstolperer machen meinen Zustand beinahe unerträglich, bis ich endlich an der Reihe bin.

Prof. Dr. Steiner begrüßt mich freundlich und hält mir den Ellenbogen zum *Corona-Handshake* entgegen. Obwohl wir uns seit Jahren kennen, sind wir nach wie vor per Sie, was den professionellen Aspekt unserer Beziehung zueinander unterstreicht. Er strahlt Ruhe aus, und obwohl er, wie es sich für einen Arzt in einer Klinik gehört, ganz in Weiß gekleidet ist, wirkt er in seinem weißen Polohemd, der weißen Jeans und den ehemals weißen, inzwischen ziemlich ranzigen und daher eher beigen Chucks fast wie ein normaler Mensch, der einfach gerne helle Sachen trägt. Hinter einem Vorhang mache ich mich frei, und ab diesem Moment setzt meine innere Schutzfunktion ein und meine Wahrnehmung wird dissoziativ. In solchen Momenten ist es fast so, als würde ich meinen Körper verlassen und neben mir stehen. »Sie scheinen Lichen zu haben. Tumore kann ich aber keine erkennen«, lautet seine Diagnose, die mich zwar erleichtert, aber gleichzeitig etwas traurig zurücklässt. Bei Lichen handelt es sich um eine chronische, nicht infektiöse Autoimmunerkrankung der Vulva, die eine Frau nicht wieder loswird – na großartig. Für die nächsten drei Monate soll ich eine Cortison- und eine Hormonsalbe auftragen, danach muss man schauen, wie es sich weiterentwickelt. Jede Frau reagiert anders auf die Behandlung. Heilbar ist »Lichen sclerosus« nicht, nur die Symptome sind behandelbar. Da Prof. Dr. Steiner ausschließlich im Krankenhaus praktiziert, empfiehlt er mir außerdem einen neuen, niedergelassenen Gynäkologen: Dr. Patrick Grey. Dieser praktiziert nicht nur als Oberarzt unter Prof. Dr. Steiner im Rüsselsheimer Krankenhaus, er hat zudem eine eigene Praxis. Der Zufall will es, dass es die Praxis meines inzwischen pensionierten Gynäkologen Dr. Oltenau in Hofheim ist, der sowohl mich vor 43 Jahren als auch meinen Sohn Dorian vor fast 20 Jahren auf die Welt gebracht hat. Auch die Notoperation bei meiner Fehlgeburt, als ich mit Michael zusammen war, hat er damals durchgeführt.

Ich mache noch am selben Tag einen Termin für in zwei Wochen aus. Zwei Wochen ist beruhigend weit weg, und die erste Woche vergeht, ohne dass ich zu viele Gedanken an den Termin verschwende. In der zweiten Woche baut sich meine Angst dann von Neuem auf. Es wird schließlich eine gründliche Untersuchung, und meine Krebsvor- und Nachsorgeuntersuchung ist inzwischen überfällig. Ja, Myriam von M., Botschafterin der Krebsvorsorge, ist spät dran. Ich bin nicht stolz darauf, doch meine Ängste sind oft stärker als die Vernunft. Irgendwie gehen diese zwei Wochen sowieso viel zu schnell vorbei. Ich fühle mich wie ein Schulkind, das vor einer wichtigen Prüfung steht und nicht ausreichend gelernt hat. Tatsächlich bin ich mehrmals kurz davor, den Termin abzusagen, aber ich ziehe das jetzt durch! Wenige Tage vorher werde ich von Zwangsgedanken bestimmt. Ich habe Angst vor zu autoritären Ärzten und spiele alle möglichen Szenarien im Kopf immer wieder durch. In meinen Gedanken schreie ich den Arzt an und stürme aus der Praxis. Ich habe mir sogar schon den genauen Wortlaut zurechtgelegt für den Fall, dass ich mich unwohl fühle: »Ich bin nun einmal ein echter Mensch mit echten Problemen. Wenn Sie nicht in der Lage sind, mit Patienten empathisch umzugehen, haben Sie Ihren Beruf offensichtlich verfehlt. Das ist mein Körper, und Sie sind nur ein Dienstleister. Ich bin der Chef, und ich gehe jetzt!« Es fällt mir schwer, Vertrauen zu Ärzten aufzubauen. Ich kann am Anfang auch noch keinen Vaginalultraschall zulassen und erwarte, dass das respektiert wird. Nicht jeder Arzt kann damit umgehen. Würde er beispielsweise erwidern, dass ich mich nicht so anstellen solle und die Untersuchung nun einmal wichtig sei, wäre es gleichzeitig das Ende der Untersuchung, bevor sie überhaupt angefangen hat. Im Internet hilft mir Agent Google, Dr. Grey vorab zu stalken. Immerhin hat er fünf von möglichen fünf Sternen bei 90 Bewertungen, was mich etwas beruhigt.

Wieder bin ich nervös, aber immerhin werden meine Zwänge diesmal nicht mit einem Krankenhaus konfrontiert, sondern mit einer überschaubaren, mir von früher vertrauten Umgebung. Benny muss zunächst wie gehabt im Auto warten, nachdem er mich mit einem Kuss in die Praxis verabschiedet hat. Die Praxis selbst hat sich nicht allzu sehr verändert. Sogar meine alte Akte war noch aufzufinden. Dr. Grey aber ist ein moderner, noch relativ junger Arzt. Zu Beginn muss ich ihm meine Vorgeschichte erzählen. Bereits nach fünf Minuten unterbricht er mich: »Sie sind ein unheimlich interessanter Fall. Ich habe jetzt noch zwei Patientinnen nach Ihnen und dann eigentlich Feierabend. Sind Sie in Eile, oder können Sie warten? Dann kann ich mir mehr Zeit nehmen. Ihren Mann können Sie ruhig mitbringen.« Ich willige ein. Wann hat man als Kassenpatientin schon einmal die Gelegenheit, dass ein Arzt einen gründlich untersucht?

Tatsächlich nimmt sich Dr. Grey viel Zeit für mich und zeigt neben meiner Krankengeschichte auch Interesse an meiner Arbeit. Vor den Untersuchungen lege ich noch fest, dass ich keinen Vaginalultraschall dulde. Er respektiert diese Entscheidung und führt die übrigen Untersuchungen durch: Krebsabstrich, HPV-Abstrich und ein Abstrich des Vaginalkanals. Währenddessen lobt er mehrfach und ausgiebig, wie hervorragend die Rekonstruktion nach der halbseitigen Vulvektomie aussähe. Auch die Vaginoskopie führt er überaus gründlich durch. Die Behandlung mit der Hormon- und Cortisonsalbe hat offensichtlich angeschlagen, und ich kann erstere nun glücklicherweise absetzen. Von ihr war mir in den letzten zwei Wochen häufig übel, und ich hatte Zwischenblutungen. Mit seiner Arbeit bin ich sehr zufrieden, aber einen Kritikpunkt habe ich trotzdem: Aufgrund des enormen Aufwands gibt er Frauen normalerweise nicht telefonisch Bescheid, sollte der HPV-Test positiv sein. Trotz der verfügbaren Impfung, für die ich so leidenschaftlich werbe, gibt es wohl so viele positive Ergebnisse, dass er das Pensum einfach nicht leisten kann. In meinem Fall will er aber eine Ausnahme machen, sollte ich positiv getestet sein. Ich kann ihn zwar verstehen, halte die Auswertung des Tests jedoch für sehr wichtig, und eine Frau sollte das Ergebnis auch umgehend erfahren können. Das Warten auf Testergebnisse ist in der Folge wiederum nervenaufreibend. Ein Anruf bleibt indes aus!

Mit zwanghaftem Verhalten und Zwangsgedanken bin ich nicht auf die Welt gekommen. Wie all meine psychischen Probleme entspringen sie einer besonders bewegten Zeit in meiner Jugend und manifestierten sich irgendwann auf beinahe übernatürliche Weise. Dafür muss ich weit zurückgehen und etwas ausholen …

4.2 Die Vergangenheit

1992 war das letzte Jahr, das ich in Amerika leben durfte, genauer gesagt in Winton, Kalifornien. Ich war zarte 15, und zum ersten Mal nach vielen schweren Jahren in meiner Kindheit war meine kleine Welt zu dieser Zeit ziemlich in Ordnung. Meine Mutter hatte sich endlich von meinem Stiefvater getrennt, ich hatte mit Tony meinen ersten festen Freund, meine beste Freundin Ramona und ich waren unzertrennlich, und in der Junior High School war ich nicht nur beliebt, sondern auch sehr erfolgreich. Meine Zeugnisse bestanden fast ausschließlich aus Einsen, nur selten konnte sich eine Zwei dazwischenmogeln. Meine Mutter aber war unzufrieden mit ihrem Leben in den USA, und da meine Familie in Deutschland nicht aufhörte, sie zu bequatschen, doch bitte zurück nach Deutschland zu ziehen, zogen alsbald dunkle Wolken am Horizont auf. Meine Oma und meine Tante wollten unbedingt, dass wir nach Deutschland ziehen, weshalb sie meiner Mutter das Blaue vom Himmel versprachen. Das große Haus in Lorsbach sollte renoviert werden, sodass meine Mutter, mein Bruder und ich innerhalb des Hauses unsere eigene Wohnung bewohnen könnten, und auch finanziell wollten sie uns unter die Arme greifen. Meine Tante selbst konnte keine Kinder bekommen, hatte aber den starken Wunsch danach. Ich glaube, sie wollte mich, und insbesondere meinen kleinen Bruder Andy, der zu diesem Zeitpunkt vier Jahre jung war, gerne in ihrem Haus haben. Immer wieder redeten sie auf meine Mutter ein, und irgendwann war die Entscheidung gefallen: Ende des Jahres sollten wir nach Deutschland ziehen. Meine kleine Welt drohte zusammenzubrechen, und alles in mir wehrte sich gegen diese Entscheidung. Meine Mutter und ich stritten uns fortan jeden Tag. Das war neu für uns, denn zuvor, als wir noch im Gefängnis meines Stiefvaters lebten, hatten wir nie derartig heftige Auseinandersetzungen. Ich hatte bis dahin vielmehr das Bedürfnis, auf meine fragile Mutter aufpassen zu müssen. Geborgen fühlte ich mich dadurch nie. Zwischenzeitlich hatte ich die Hoffnung, bei Ramona und ihrer Mutter Renate bleiben zu dürfen. Renate war und ist die beste Freundin meiner Mutter und bot ihr an, dass ich doch wenigstens die Schule fertig machen und bei ihr und Ramona bleiben könne. Renate setzte sich für mich ein und versuchte meine Mutter mit allen Mitteln umzustimmen. Meine Mutter war aber nicht zu überzeugen und wollte mich nicht loslassen. Also tat ich fast alles, um meinen Boykott zu demonstrieren. Nur meinen zwischenzeitlichen Plan, absichtlich von Tony schwanger zu werden, um mir das Recht zu ertrotzen, dann bei dem Vater meines Kindes zu bleiben, ließ ich vernünftigerweise wieder fallen. Turbulent sollte die nächste Zeit aber trotzdem werden!

Eines Abends gegen 18 Uhr verließ ich vor dem Abendessen das Haus. Ich gab an, noch für eine Stunde zu meiner Freundin Jennifer zu gehen, die im selben Apartmentkomplex wohnte, und versprach, rechtzeitig zum Essen wieder zurück zu sein. Das war allerdings nur mein Alibi, denn mein Plan war ein anderer. Mir gefiel die weiße Limousine, die in unserer Einfahrt stand, ungemein. Unser eigenes Auto befand sich in der Werkstatt, und meine Mutter hatte für diese Zeit einen Leihwagen besorgt. Mein Teenager-Kopf probte die Rebellion, und ich dachte mir, es ist schließlich ein Leihwagen, der ist doch zum

Ausleihen da. Einen Führerschein besaß ich nicht, aber das war mir egal. Ich sammelte Ramona, Tony und einen seiner Kumpel ein, und wir cruisten ins nahe gelegene Atwater, um uns sehr erwachsen im Liquor-Store mit Spirituosen einzudecken. Tony war bereits 21 und konnte damit ganz legal Alkohol erwerben. Als wir wieder zurück nach Hause kamen, stand meine Mutter schon an der Schranke unserer *Gated Community.* Sie hatte eine Zutat für das Abendessen vergessen und wollte noch einmal schnell in den Supermarkt fahren. Als sie kein Auto in der Einfahrt vorfand und bemerkte, dass auch die Autoschlüssel fehlten, zählte sie eins und eins zusammen. Ich hielt das Auto an und fühlte mich auf einmal nicht mehr so selbstbewusst wie zuvor. Meine Mutter, die keine Miene verzog, riss die Tür auf und versuchte mich an den Haaren aus dem Wagen zu zerren. Da ich noch angeschnallt war, hatte sie nur ein Büschel Haare in der Hand. Ich löste den Gurt, stieg aus dem Auto und erntete eine schallende Ohrfeige, die meine Lippe aufplatzen ließ. Zeitgleich fuhr Renate hinter uns vorbei, die von meiner Mutter verständigt worden war und sich sofort auf die Suche nach uns gemacht hatte. Sie bemerkte die Szene, trat auf die Bremse, legte den Rückwärtsgang ein, setzte mit Schwung zurück und erwischte ein Fahrzeug hinter ihr, das nicht mehr rechtzeitig ausweichen konnte. Der Fahrer des anderen Autos hatte wohl keine Versicherung, was in den USA bis heute keine Seltenheit ist, und machte sich umgehend aus dem Staub. Das Heck von Renates Jeep Grand Cherokee war ordentlich zusammengestaucht. Das Chaos war komplett, als Ramonas ohnehin gewalttätiger Stiefvater auftauchte und zu allem Überfluss drohte, mich umzubringen. Für mich war das alles zu viel. Ich wusste, was ich angerichtet hatte, und ließ kleinlaut den Kopf hängen. Ich wehrte mich zwar nicht, aber Reue empfand ich keine!

Nur wenige Tage später schlich ich mich nachts um ein Uhr aus dem Haus, um mich heimlich mit Tony zu treffen. Als ich zwei Stunden später nach Hause kam, hatte meine Mutter mein Fehlen bemerkt. Die Teenager-Myriam-Attrappe, behelfsmäßig aus Kissen unter meiner Decke zusammengebaut, war anscheinend nicht überzeugend genug gewesen. Meine Mutter schrie mich an, was mir einfallen würde und was mit mir los sei. Wieder hatte sie Renate angerufen und auch mit meiner Oma und meiner Tante in Deutschland telefoniert. Alle wären ja soooo enttäuscht von mir. Währenddessen zerrte sie an mir herum, um ihrem Ärger Nachdruck zu verleihen. Ich hatte genug davon! Ich fühlte mich von meiner Mutter verraten, und es war ihre Schuld, dass all das passierte. Sie hatte mich niemals misshandelt, aber vor meinem Stiefvater beschützt hatte sie mich auch nie. Jahrelang hatte ich in dem Elend mit ihr und meinem Stiefvater festgesessen, den sie sich schließlich ausgesucht hatte. Sie sagte mir zwar jeden Tag, wie sehr sie mich lieben würde, aber die Worte hatten für mich lange keine Bedeutung, da ich mich zu keiner Zeit geborgen und behütet fühlte. Ganz im Gegenteil: Während meiner Kindheit befand ich mich stets in einer Art Überlebensmodus. Ich hatte unbewusst ein Radar aktiviert, das immerzu meine Umgebung analysierte und versuchte, Gefahren aufzuspüren. Ich war darauf konditioniert, jederzeit erkennen zu können, wie ich mich verhalten muss, damit die Situation zu Hause nach Möglichkeit nicht eskaliert. Nun war ich endlich frei von meinem Stiefvater und dabei, mir ein kleines bisschen eigenes Leben aufzubauen, und das wollte sie mir wegnehmen. Ich kochte vor Wut, riss mich los und haute ihr eine herunter. Es war das erste Mal, dass ich meine Hand gegen meine Mutter erhoben hatte.

In den folgenden Tagen wurde viel darüber diskutiert, ob ich nicht schon alleine nach Deutschland vorgeschickt werden sollte, weil ich inzwischen unkontrollierbar wäre. Das passierte zwar nicht, aber am vierten Dezember trat das Unvermeidliche ein, und meine Mutter, mein Bruder und ich flogen nach Deutschland. Auf der gesamten Fahrt nach San Francisco, wo unser Flugzeug abheben würde, heulte ich. Auch während der elf Stunden Flugzeit konnte ich mich kaum beruhigen. Alles, was mir wichtig und dessen ich mir sicher war, musste ich zurücklassen. Es war nicht so, als hätte ich etwas gegen Deutschland gehabt. Meine Sommerferien verbrachte ich unheimlich gerne dort. Ich freute mich immer auf meine geliebte Oma und eine leckere Portion Currywurst. Aber in Deutschland leben? Nein, das wollte ich nicht! Ich beherrschte ja nicht einmal die Sprache. Deutsch konnte ich zwar ganz gut verstehen, aber selbst sprechen oder gar schreiben hatte ich nie gelernt. Es war auch nicht hilfreich, im Dezember überzusiedeln. Meine Heimat im San Joaquin Valley ist ein Wüstengebiet. Der Frankfurter Flughafen aber begrüßte mich mit Minusgraden und dichtem Schneegestöber. Nun stand ich da, in meinem kalifornischen Skater-Look, bestehend aus meinen Vans-Sneakern, meiner kurzen Hose und meinem luftigen T-Shirt und weinte bitterlich. Ich fühlte mich unsicher, alleine und gegen meinen Willen gewaltsam entwurzelt.

Als wir in Lorsbach ankamen, war auch nichts so, wie es meiner Mutter versprochen worden war. Das Haus war nicht fertig renoviert, und so mussten wir uns zu dritt noch eine ganze Weile ein Bett inmitten der Baustelle mit ihren unverputzten Wänden teilen, bevor ich für einige Monate auf die Couch des Wohnzimmers zog. Die eigene Wohnung innerhalb des Hauses sollte es für uns nie geben. Meine Mutter war ebenfalls unglücklich und war nah am Wasser gebaut. Mir war das egal. Ich war selbst viel zu traurig und vor allem aggressiv, um mich mit ihr zu solidarisieren. Immerhin, ich bekam jeden einzelnen Tag einen Brief von Tony, und jeden Tag antwortete ich ihm, klagte ihm mein Leid und ließ ihn wissen, wie sehr ich ihn, meine Heimat und mein altes Leben vermisse. Neben den Briefen telefonierte ich außerdem heimlich mit ihm. Das kam erst heraus, als die nächste Telefonrechnung für meine Oma stattliche 5000 Deutsche Mark auswies. Das typische deutsche, olivgrüne 90er-Jahre-Tastentelefon erhielt daraufhin ein Tastaturschloss, das ich sogleich knackte. Auch das Telefon komplett unzugänglich für mich wegzuschließen war keine Lösung. Ich stahl in der Folge die für das Wechselgeld vorgesehenen Münzen aus der benachbarten Gärtnerei, die meiner Oma gehörte, und nutzte fortan öffentliche Münztelefone, um Tony anzurufen. Aufgrund der Zeitverschiebung fanden unsere Telefon-Sessions immer nachts statt, sodass dies für eine Weile unentdeckt bleiben sollte. Das Geld rasselte nur so durch, und für zehn Minuten Gespräch musste ich etwa 40 DM an Münzen einwerfen. Ich schätze, dass ich in der gesamten Zeit sicher 15 000 DM vertelefoniert haben muss. Auch die Round-the-World-Tickets, die meine Mutter gekauft hatte, weil diese billiger waren als vergleichbare One-Way-Tickets, versuchte ich zu stehlen, um auf eigene Faust zurück nach Kalifornien zu fliegen. Natürlich klappte das nicht, und anschließend versuchte mich meine Mutter mit dem Versprechen zu beruhigen, dass wir jetzt erst einmal vier weitere Wochen lang schauen würden, wie sich alles einspielt. Sollte sich nichts verbessern, würden wir vielleicht wieder zurückkehren. Leider war das Versprechen ein leeres, und ich musste mich mit der Tatsache abfinden, dass ich auf unbestimmte Zeit in Deutschland festsitzen würde.

Es dauerte nicht lange, da musste ich auch in die Schule gehen. Aufgrund der Sprachbarriere hielt meine Mutter es für das

Beste, mich zunächst in die Militärschule auf dem Gelände der US Army Garrison in Wiesbaden zu stecken. Es war mitten im Schuljahr, und ich fand keinen Anschluss, weder mit meinen schulischen Leistungen noch sozial. Plötzlich war ich keine Einser-Schülerin mehr, die bei Lehrern und Mitschülern beliebt war, und das nagte an mir. Zu allem Überfluss wurde ich auch noch von einer fünfköpfigen Mädchengang gemobbt. Eines Tages fingen sie mich vor der Bushaltestelle ab und schlugen mich brutal zusammen. Sie traten sogar weiter auf mich ein, als ich schon zusammengekauert auf dem Boden lag. Ich hasste alles und jeden! Meine Mutter hatte indes ihre eigenen Probleme. Einen Job konnte sie nicht finden, und auch die angekündigte finanzielle Hilfe wurde ihr nicht in dem Maße gewährt, wie es ihr zuvor versprochen worden war. Sie war aber seit jeher ein fleißiger Mensch und sich für nichts zu schade. Also ging sie in der Nachbarschaft putzen, um unser Leben zu finanzieren, und der Zufall wollte es, dass sie das unter anderem bei einer Frau tat, deren Tochter Courtney in meine Klasse ging. Die Mutter legte Courtney nahe, dass sie sich doch mit mir anfreunden könnte, und tatsächlich wirkte es eine kleine Weile so, als hätte ich endlich jemanden, mit dem ich zumindest die Pausen in der Schule verbringen könnte. Aus Angst davor, der Mädchengang ein weiteres Mal schutzlos ausgeliefert zu sein, hatte ich mir Pfefferspray besorgt, das ich nun immer bei mir trug. Stolz zeigte ich es Courtney, was sich schon wenig später als fataler Fehler herausstellte. Mitten im Unterricht ertönte plötzlich eine Lautsprecherdurchsage, dass ich mich umgehend bei der Schulleitung einfinden solle. Ich hatte keine Ahnung, was mich erwarten würde. Nervös und ängstlich ging ich zum Direktor. Es war schließlich eine Militärschule, und mit ihm war nicht zu spaßen. Er hatte das Auftreten eines Drill-Sergeants, wie man ihn aus Filmen wie »Full Metal Jacket« kennt. Es stellte sich heraus, dass Courtney mich verpetzt hatte, und eine »Waffe« mit in eine Militärschule zu bringen war kein Bagatelldelikt. Ich wurde fürchterlich angeschrien, und er drohte mir, mich von der Schule zu werfen, was aber nicht geschah. Das Pfefferspray wurde mir daraufhin gnadenlos abgenommen, und ich war der Mädchengang wieder schutzlos ausgeliefert, die mich einige Tage später ein weiteres Mal erwischte. Jeden Tag ging ich nun mit Angst in die Schule. Als besonderen Hohn widmete mir Courtney noch das Lied »(I Hate) Everything About You« von Ugly Kid Joe im amerikanischen Radiosender AFN Wiesbaden – The Eagle, den ich häufig hörte, weil dort viel Rockmusik aus meiner Heimat lief. Das Lied im Radio zu hören verletzte mich mehr als die Fäuste der Mädchengang in meinem Gesicht.

Um nicht mehr den Bus nehmen zu müssen, trödelte ich ab da an jeden Tag so sehr, dass ich ihn zuverlässig verpasste. Die Konsequenz war, dass meine Mutter mich meistens persönlich in die Schule brachte. Dachte sie zumindest! Ich ging vorne in die Schule hinein und hinten wieder heraus. Das ging eine Weile gut, doch irgendwann kam mein Fehlen heraus. Wegen irgendwelcher Formalitäten rief meine Mutter im Sekretariat der Schule an. Dort dachte man, dass ich seit einiger Zeit krank sei, und deswegen möge mir meine Mutter bitte gute Besserung ausrichten. Ich war überführt! Von der Schule geworfen wurde ich trotzdem nicht. Es war schließlich eine Privatschule, die nicht wenig Geld kostete, da fliegt man nicht so einfach. Allerdings wurde ich für eine Weile suspendiert, und als Strafe musste ich während der nächsten Sommerferien wochenlang Akten sortieren, da ich sonst kein Zeugnis erhalten hätte. Mein Verhalten fiel aber dem Vizedirektor auf, der immerhin bewirkte, dass ich von der Mädchengang in Ruhe gelassen wurde. Ich musste deswegen zwar keine Angst mehr haben, Freunde fand ich jedoch trotzdem keine. Ich war wie ein Geist, und niemand sprach mit mir. Ein kleiner Lichtblick war das Schulorchester der Highschool auf demselben Gelände, dem ich mich auf Anraten des Vizedirektors anschloss. Ich spielte seit Jahren Trompete auf hohem Niveau, sodass ich dem Orchester beitreten durfte, obwohl ich selbst nur auf die Junior High School ging. Unter den Musikschülern kannte mich daher niemand, sodass ich aufgrund meiner Fähigkeiten zumindest wieder etwas Respekt erfuhr. Außerhalb der Schule ging ich darüber hinaus in eine Tanzschule im benachbarten Hofheim und fand dort tatsächlich so etwas wie eine Freundin.

Das kleine Pflänzchen Glück sollte aber nicht von langer Dauer sein, denn es stand der nächste Schulwechsel an. Die Militärschule war zu teuer für meine Mutter geworden, also kam ich in die Rosenberg-Gesamtschule in Hofheim. Diese hatte damals zu Recht einen miserablen Ruf, stellte allerdings die letzte verbliebene Möglichkeit dar, nachdem mich alle anderen Schulen in der Umgebung abgelehnt hatten. Ich fühlte mich wie ein neuer Häftling, der auf eine bestehende Hierarchie trifft und um seinen Platz kämpfen muss, um nicht wieder zum absoluten Bodensatz zu gehören. Doch diesmal war ich bereit! Schon am ersten Tag identifizierte ich den größten weiblichen Schulmobber und fing mit ihr einen Streit an. Alle hatten Angst vor ihr, da ihr großer Bruder ein stadtbekannter Drogendealer war, aber das konnte ich schließlich nicht wissen. Immerhin verfehlte unsere Prügelei ihre Wirkung nicht, und ich hatte mir direkt Respekt verschafft. Am Schulalltag nahm ich nicht wirklich teil. Vom Schulstoff her war ich etwa zwei Jahre zurück und hatte keine Chance, mitzuhalten. Das amerikanische Schulsystem funktioniert anders als das deutsche. Für jeden Schüler gibt es in meiner Heimat dreizehn Schuljahre. Werden diese nicht vollendet, gibt es auch keinen Abschluss. Man kann also nicht nach der neunten Klasse aufhören und mit seinem Hauptschulabschluss in der Tasche eine Ausbildung beginnen. Aus diesem Grund lässt sich das amerikanische System deutlich mehr Zeit, was einen nicht zu kompensierenden Nachteil für mich darstellte. Mein Zeugnis wies am Ende an die hundert Fehltage aus. Meiner Mutter, die zwischenzeitlich zur Vorsitzenden des Elternbeirats gewählt worden war, war das unheimlich peinlich, bloß tun konnte sie dagegen nichts. Es war mir auch egal! In Deutsch hatte ich eine Drei, aber nur, weil alle nicht deutschsprachigen Schüler ein »Befriedigend« bekamen. Die gleiche Note hatte ich auch in Musik und Englisch. Da wäre sicher mehr drin gewesen, wenn ich öfter im Unterricht gewesen wäre. Völlig chancenlos war ich in Mathematik (6), Geschichte (6), Physik (6) und Chemie (5). Da ich niemals am Sportunterricht teilnahm, stand dort ein N. F. für »nicht feststellbar«. Viele Schultage verbrachte ich herumstreunend in Frankfurt, und die Rosenberg-Gesamtschule verließ ich am Ende ohne einen Abschluss.

Ich hatte mein Selbst verloren. In Amerika wusste ich, wer ich war, und war trotz meiner zuvor schweren Kindheit auf einem guten Weg in mein Leben. Hier war alles anders. Als meine Mutter sich auch noch mit meinem verhassten Stiefvater versöhnte und ihn ernsthaft nach Deutschland nachholte, war ich fertig mit allem. Ich hatte inzwischen keine Angst mehr vor ihm, aber schließlich war er einer der Hauptgründe, wieso meine Mutter die USA verlassen hatte. Ich konnte dafür kein Verständnis aufbringen, und während sich meine ganze Mentalität und Psyche weiter veränderten, erfuhr ich meine allererste Panikattacke, bei der ich wirklich dachte, ich müsse sterben. Sie endete jedoch nur in der Notaufnahme und ließ mich mit einem gelben Zettel für den Hausarzt mit folgendem Wortlaut zurück: vegetative Dysfunktion. Damals konnte ich nichts damit anfangen und dachte lediglich an das englische Wort *vegetable*, zu Deutsch Gemüse. Tatsächlich vermutete der Arzt in der Notaufnahme, nachdem ich seine Frage, ob ich Drogen nehmen würde, wahrheitsgemäß verneint hatte, eine Störung meines vegetativen Nervensystems, und er hatte recht. Zu dieser Zeit fühlte es sich in der Tat so an, als würde in meinem Kopf alles neu und irgendwie verquer und falsch verdrahtet werden. Ich hatte inzwischen endlich sozialen Anschluss in einer Dorfclique gefunden und begann an den Wochenenden hart zu trinken. Mit 16 kommt man in Deutschland schließlich bereits völlig legal an Alkohol, wieso sollte ich diesen einen »Vorteil« meiner neuen Zwangsheimat nicht nutzen? Natürlich half auch der Alkohol nicht, und viele mir bis dahin unbekannte Gedanken übernahmen die Kontrolle. So hatte ich beispielsweise ein ungutes Gefühl beim Verlassen des Hauses, das ich nicht zuordnen konnte, und war auch nicht mehr in der Lage, meinen Teller leer zu essen, weil ich davon überzeugt war, dass der letzte Bissen vergiftet wäre.

Es war nicht so, als würde ich Stimmen hören, die mich drängten, etwas zu tun oder nicht zu tun. Trotzdem fühlte ich mich fremdgesteuert, denn ich hatte die Kontrolle über einige Aspekte meines Lebens verloren und gab meinen Zwängen nach, um etwas Schlimmes, nicht Greifbares zu verhindern. Meine Oma, die bemerkte, wie schlecht es mir ergangen war, seit ich nach Deutschland verfrachtet wurde, wollte mich aufheitern und plante für uns einen Ausflug zu meiner anderen Oma nach Eschwege. Ich freute mich darauf, beide Omas um mich zu haben, und auch auf die Fahrt mit einem ICE, der damals noch ganz neu war. Als wir am Bahnsteig standen und die Tür zu unserem Waggon öffnen wollten, überkam mich plötzlich dieses düstere Gefühl. Ich war mir sicher, dass etwas Schreckliches passieren würde, sollten wir in diesen Zug steigen. Ich fing an zu weinen und machte eine Riesenszene. »Kind, steig jetzt in den Zug, was soll denn passieren?«, ermahnte mich meine Oma. Doch ich konnte nicht. »Oma, Du wirst sterben, wenn Du in diesen Zug steigst!«, schrie ich sie an, während sich andere Passagiere auf dem Bahnsteig irritiert zu uns umdrehten. Das war nicht gespielt, sondern meine volle Überzeugung. Meine Oma aber schüttelte resignierend den Kopf und ließ mich mit meiner Mutter, die uns zum Bahnhof gebracht hatte, zurück, während sie es sich in ihrem Abteil gemütlich machte. Meine Mutter musste mich nun nach Eschwege fahren, während meine Oma dort sicher mit dem Zug ankam. Infrage stellte ich meine prophetischen Vorahnungen deswegen jedoch nicht – ganz im Gegenteil.

Es war sicher nicht hilfreich, dass ich zu dieser Zeit »Der Exorzist« las. Es war ein unglaublich spannendes Buch, das ich zufällig bei meiner Oma im Bücherregal entdeckt hatte. Ich bin zudem sehr religiös aufgewachsen und erinnere mich, dass ich mich als Kind extrem verbunden mit Jesus fühlte und dachte, dass ich irgendwie von Gott auserwählt sei, etwas Besonderes auf der Welt zu tun. Permanent wiederkehrende Träume über Wochen hinweg, in denen irgendetwas unter dem Ohr meiner Cousine nicht in Ordnung war, hatten in meinen Augen damals ihren Lymphdrüsenkrebs korrekt vorhergesagt, der eines Tages wegen Schmerzen beim Singen im Kirchenchor tatsächlich entdeckt worden war. Damals war ich zehn Jahre jung, aber die Überzeugung, auserwählt zu sein, blieb latent bestehen. Es ist mir sehr unangenehm, heute davon zu erzählen, und ich weiß, es klingt verrückt, aber meine Zwangsgedanken begründete ich irgendwann mit Besessenheit. Das Gefühl, dass die eigenen Handlungen von etwas Fremdartigem bestimmt werden, das tief in einem sitzt, war beängstigend. Ich war fest überzeugt, dass etwas Böses in mir schlummerte und nur auf die richtige Gelegenheit wartete, mich, die Auserwählte, zu holen oder gänzlich zu übernehmen. Die »normale« Myriam gäbe es dann nicht mehr. In mir tobte der uralte Kampf zwischen Gut und Böse. Befand ich mich an einem sicheren Ort wie auf der Couch in meinem inzwischen eigenen Zimmer, schien der Dämon zu schlafen. Aber ich musste stets auf der Hut sein und in mich hineinhorchen. Ich durfte mir keine Blöße geben und musste meinen dunklen Vorahnungen nachgeben, oder der Dämon würde die Gelegenheit einer Unachtsamkeit sicher nutzen. In diesem Kampf war ich ganz auf mich gestellt. Ich sprach mit niemandem darüber, denn ich war mir sicher, dass man mir keinen Glauben schenken würde, und schämte mich daher. Natürlich wunderte sich meine Familie, denn ich wollte das Haus kaum noch verlassen und ganz besonders nicht mehr in die Kirche gehen, was zumindest an Feiertagen bis dahin normal für mich gewesen war. Ich war mir sicher, ich würde verbrennen, sobald ich die Schwelle eines sakralen Gebäudes überschreiten würde, obwohl ich mich dort früher immer wohlgefühlt hatte. Dieser Zustand dauerte etwa ein halbes Jahr an. Einen positiven Aspekt meines Lebens stellte immerhin meine Clique aus Lorsbach dar. Endlich ein paar Freunde gefunden zu haben, mit denen ich abhängen konnte, tat mir gut. Seit wir uns angefreundet hatten, unternahmen wir viel zusammen. Ich fühlte eine lange vermisste Zugehörigkeit, die es durchaus schaffte, mich immer wieder von meinen düsteren Zwangsgedanken abzulenken. Als meine Besessenheit richtig Fahrt aufnahm, machte ich mich aber meinen Freunden gegenüber zunehmend rar. Andi und Sascha bemerkten dies und schafften es, mich dazu zu überreden, hin und wieder das Haus zu verlassen. Zwischenzeitlich verschlimmerte sich meine Lage allerdings aufgrund eines Unfalls. Sascha war Schreinerlehrling und ein kräftiger Kerl. Wie so häufig waren wir draußen und alberten herum, als er plötzlich etwas ungelenk herumfuhr und mit seinem Ellenbogen meinen Kiefer erwischte. Ich hörte ein

Knacken, und tatsächlich: Der Kiefer war gebrochen. Dieser Umstand alleine wäre neben meinem drastischen Gewichtsverlust noch kein allzu großes Drama gewesen, aber da mein Kiefer über mehrere Wochen fixiert werden musste, hatte ich das Gefühl, dass die einzige Verbindung in mein Inneres nun blockiert sei und sich der Dämon so noch tiefer in mir einnisten könne. Täglich durchtrennte ich die Fixierungsdrähte, um mir Erleichterung zu verschaffen, was eigentlich nur im Notfall erlaubt ist, für den Fall, dass man sich beispielsweise übergeben muss. Die Drähte wurden daraufhin durch besonders stramme Gummibänder ersetzt, wie man sie bei Zahnspangen verwendet, was für mich akzeptabel war. Der Höhepunkt meines Besessenheitsgefühls stand mir indessen erst noch bevor.

Es war Heiligabend 1993, und meine Freunde wollten die Mitternachtsmesse in meiner Taufkirche besuchen. Draußen lag eine traumhafte Schneedecke, und wir trugen jeder eine Kerze vor uns. Ich sträubte und wehrte mich zwar zunächst, mitzugehen, doch man will vor seinen Freunden als junge Erwachsene ja auch nicht wie eine komplett Durchgeknallte dastehen. Sie wussten zwar, dass ich Probleme hatte, das komplette Ausmaß hielt ich aber noch immer vor jedermann verborgen. Also ließ ich es darauf ankommen, viel zu verlieren hatte ich schließlich sowieso nicht! Das Herz schlug mir bis zum Hals, und ich hatte panische Angst, als wir uns durch den frischen Schnee stapfend der kleinen Kirche näherten, die erleuchtet wie eine Arena in der Finsternis vor mir lag und mit ihrem Glockenläuten die Bühne für eine Art Entscheidungsschlacht bereitete. Der Schnee schien beinahe alle Geräusche bis auf sein eigenes gequältes Knirschen unter meinen Schuhen und den Luftzug meiner eigenen Atmung zu absorbieren. Ich war ganz in mich gekehrt. Meine Mütze hatte ich mir tief ins Gesicht gezogen, und das Gemurmel der Menschen um mich herum nahm ich nur als entferntes Summen wahr. Es fühlte sich an, als würde man mich zum Scheiterhaufen führen, um dort wie Jeanne d'Arc brennend den Märtyrertod zu sterben. Bedeutungsvoll nahm ich die vier Stufen vor der geöffneten, schwer mit Eisen beschlagenen Holztür, hielt die Luft an und übertrat die Schwelle. Ich konnte es kaum glauben, aber ich ging nicht wie erwartet in Flammen auf. Es tat sich auch kein Loch im Fußboden auf, um den guten Teil von mir gewaltsam aus meinem Körper in das Höllenfeuer zu ziehen und nur den Dämon in Menschengestalt zurückzulassen. Nichts dergleichen passierte. Vorsichtig erleichtert, ließ ich mich auf eine der Holzbänke nieder. Niemand in dieser Kirche hatte von diesem Triumph über meinen Dämon Notiz genommen, doch die »gute« Myriam hatte definitiv einen Sieg errungen. Innerhalb der Kirchenmauern war ich weiter angespannt und fühlte mich eingesperrt wie in einem Käfig, aber ich empfand diesen Ort in dieser besonderen Nacht immerhin als angemessenen Rahmen und lauschte andächtig der Predigt.

Meine Zwänge traten in den folgenden Wochen immer weiter den Rückzug an, was mitunter daran lag, dass ich viel Marihuana konsumierte und zunehmend emotionslos wurde. Der wichtigste Faktor war aber der Beginn meiner Ausbildung zur Friseurin, die mir einen geregelten Tagesablauf garantierte und keinen Platz für Zwänge ließ. Mein innerer Dämon verblasste langsam und verlor Stück für Stück an Einfluss und Macht über mich, bis er schließlich gänzlich verschwand. Meine verschiedenen psychischen Störungen geben sich meistens die Klinke in die Hand, und anschließend begann die ganze Episode mit Michael. Erst 2009 feierten meine Zwänge im Rahmen der Schweinegrippesaison ihr Comeback. Zu dieser Zeit lebte ich mit Moritz, meinem damaligen Freund und gleichzeitig Vater meines ungeborenen Kindes, in Greifswald. In der

Region gab es nicht weniger als 80 000 infizierte Menschen, viele davon in der Studentenschaft, zu der auch Moritz gehörte, und anders als heute im Fall des Coronavirus waren insbesondere junge Menschen und zudem Schwangere gefährdet. Ich selbst befand mich mitten in der Hochrisiko-Schwangerschaft mit meinem zweiten Sohn, und die Voraussetzungen hätten nicht schlechter sein können. Meine letzte Krebsbehandlung lag nicht lange zurück. Was sollte denn nur werden, falls ich weitere Chemotherapien benötigen würde? Ich hatte außerdem keinen Gebärmutterhals mehr. Eigentlich hätte mir die Gebärmutter sogar entfernt werden sollen, doch ich wurde ja unerwartet schwanger. Kurz zuvor hatte ich außerdem eine Hepatitis durchlitten. Mein Körper war am absoluten Limit, und ich wusste, dass eine Infektion mit der Schweinegrippe den Tod meines ungeborenen Kindes und zugleich meinen eigenen bedeuten könnte. Die Impfung war für Schwangere verboten, also ließ sich wenigstens Moritz im hiesigen Gesundheitsamt impfen, der daraufhin mehrere Tage flach lag. Nur ausgewählte, geimpfte Menschen durften noch die Wohnung betreten. Ich hielt Abstand, wo es ging, und benutzte derart viel Handdesinfektionsspray, dass mein Arzt tatsächlich erhöhte Leberwerte feststellte, die sich wohl durch die Aufnahme von Alkohol über die Haut und durch die Dämpfe erklärten. Es gelang mir daraufhin zwar, die Verwendung von Desinfektionsmitteln zu reduzieren, die Wohnung verließ ich aber fortan praktisch gar nicht mehr. Ich fühlte eine enorme Verantwortung in dieser schwierigen Schwangerschaft, die ohnehin auf der Kippe stand, und wollte sie nicht an einem Virus scheitern lassen. Wenn ich schon keine Kontrolle über viele der Umstände hatte, wollte ich wenigstens in dieser Hinsicht tun, was irgendwie in meiner Macht stand. Eine solche, prinzipiell nicht falsche Einstellung öffnet den potenziellen Zwängen in mir aber Tür und Tor. Im April des Folgejahres brachte ich mein kleines Wunder dann aber gesund per Kaiserschnitt zur Welt. Es ist definitiv mein letztes Kind, und ich gab ihm den Namen Gabriel. Es sollte ein Name in religiösem Kontext sein, der mächtig klingt und der ihn auf Lebzeiten beschützt. Der Erzengel Gabriel ist schließlich die rechte Hand Gottes.

4.3 Was bleibt

Zunächst möchte ich einmal versuchen, Zwänge von Tics abzugrenzen. Umgangssprachlich verwendet man ja schon mal die Formulierung »Sie hat halt einen Hygiene-Tic.« Das wäre in meinem Fall falsch. Ein Tic ist die unwillkürliche, unwillentliche Abfolge von plötzlichen Bewegungen, zumeist Zuckungen oder auch verbalen Äußerungen. Zwänge hingegen werden bewusst ausgeführt, um einen inneren Drang zu befriedigen oder, wie in meinem Fall, um etwas Schlimmes zu verhindern, sodass ich ein drohendes, grauenvolles Gefühl unterdrücken kann. Um das sicherzustellen, ist mein Gehirn in diesen Phasen permanent unter Strom, weil ich alles um mich herum beobachte und analysiere, um gegebenenfalls einzugreifen. Das in meiner Kindheit fest installierte Radar schlägt an! Zwänge, also sowohl Zwangsgedanken- als auch -handlungen, sind mental deswegen unheimlich anstrengend und auf die Dauer erschöpfend. In der jährlichen Erkältungs- und Grippesaison sind meine Hygienezwänge zwar besonders ausgeprägt, das Coronavirus hat sie allerdings in besonderem Maße getriggert. Über die Jahre haben sich einige Zwänge etabliert, andere konnte ich überwinden oder zumindest lernen, anders mit ihren Konsequenzen umzugehen.

Früher musste ich Geschirr, das aus der Spülmaschine kam, anschließend noch einmal per Hand spülen. Das ist inzwischen glücklicherweise genauso Vergangenheit wie das »Zwischenhändewaschen« beim Brote schmieren. Noch vor ein paar Jahren wusch ich mir stets die Hände, nachdem ich Lebensmittel aus dem Kühlschrank genommen hatte, bevor ich mich traute, das Brot anzufassen. Aktuell ist hingegen weiterhin meine Abscheu vor Besteck in einem Restaurant, das auf dem Tisch liegt statt auf einer Serviette. Hier hat sich allerdings mein Umgang mit der Situation verändert. Früher bat ich lieber meinen Mann, nach einer frischen Gabel für sich zu fragen und sie mir dann zu geben. Heute artikuliere ich meinen Wunsch gegenüber der Bedienung meistens selbstständig. Dabei versuche ich bestimmt, aber respektvoll zu sein. Konfrontationen dieser Art sind mir aber noch immer in hohem Maße unangenehm, da ich schnell aggressiv werden kann, sollte man mir nicht mit Verständnis und Respekt begegnen. Meide ich allerdings die Konfrontation, fühle ich mich zurück in meine Kindheit versetzt und werde ganz klein. Ich erinnere mich, wie ich im Phantasialand einmal eine gefühlte Ewigkeit mit knurrendem Magen in einer Schlange stand, um mir einen Hotdog zu kaufen. Als ich an der Reihe war, fasste die Bedienung den Hotdog mit bloßen Händen an, die zuvor Unmengen an Kleingeld von vielen unbekannten Menschen berührt haben mussten. Hinter mir warteten viele weitere Menschen, und ich brachte den Mut nicht auf, den Mitarbeiter zu bitten, mir einen anderen Hotdog mithilfe einer Zange zu übergeben. Den Hotdog entsorgte ich anschließend umgehend in der nächsten Mülltonne, blieb hungrig und fühlte mich schlecht. Das würde ich heute anders regeln. Vor einigen Monaten war ich zum Beispiel wirklich stolz auf mich. Ich stand wie so häufig beim Bäcker, um mir Brötchen zu kaufen. Anders als gewohnt nahm die Verkäuferin die Backwaren mit ihren bloßen Händen aus der Auslage. Dieselben Hände hatten an diesem Tag schon unentwegt Geld von den verschiedensten Menschen berührt. Ich fragte sie geradeheraus, wieso sie keine Handschuhe mehr benutze. Sie begründete das mit geänderten Hygieneverordnungen und reagierte genervt und pampig, als ich sie bat, mir die Brötchen bitte wie bisher in die Tüte zu packen, indem sie dabei Handschuhe trägt. Noch am selben Tag rief ich in der Zentrale der Bäckereikette an und ließ mir die Hygienebeauftragte geben. Tatsächlich hatte sie vor Kurzem gelockerte Richtlinien veröffentlicht mit der Begründung, dass die Übertragung von Keimen auf Geld gar nicht so schlimm sei wie bislang angenommen und ein Mensch mit einem gesunden Immunsystem damit klarkäme. »Und was ist mit Menschen wie mir, die kein gesundes Immunsystem besitzen? Außerdem weiß ich doch nicht, wo Ihre Verkäufer zuvor ihre Hände hatten. Vielleicht haben sie sich gerade den Hintern abgewischt und sich anschließend nicht die Hände gewaschen!«, entgegnete ich ihr. Schon eine Woche später erhielten ich und alle anderen Kunden unsere Backwaren wieder auf hygienischere Art und Weise. Ehrlicherweise mag dabei geholfen haben, dass ich ihr mitteilte, dass ich in der Öffentlichkeit stehe, aber ich hoffe und glaube, dass sie nun mehr Verständnis für Menschen mit angeschlagenem Immunsystem zeigt, nachdem ich ihr von der Arbeit mit krebskranken Menschen und deren Ängsten und Nöten erzählt habe. Mir geht es dabei nicht um die Bevormundung meiner Mitmenschen. Es tut schließlich niemandem weh, einen sauberen Handschuh oder eine Zange zu benutzen oder sich die Hände zu waschen, um Menschen wie mir ein besseres Gefühl zu vermitteln.

Kann ich eine Konfrontation gänzlich vermeiden, tue ich das nach wie vor. In einen Zug setze ich mich beispielsweise, wenn überhaupt, ausschließlich mit Mundschutz, weil ich so hoffe, andere Menschen davon abzuhalten, sich neben mich zu setzen. Ich fahre außerdem nur Strecken mit wenigen Zwischenstopps wie zum Beispiel mit dem Sprinter von Frankfurt am Main nach Berlin. Dieser Zug hält zweimal, was bedeutet, dass ich zweimal die Luft anhalten muss, das Gepäck auf den Sitz neben mir stelle und möglichst grimmig dreinblicke in der Hoffnung, dass niemand auf die Idee kommt, den Platz neben mir anzusteuern. Im Kino wähle ich immer einen Platz am Gang und achte darauf, dass vor und hinter mir niemand sitzt. Entsteht trotzdem eine Situation, die ich nicht verhindern kann und in der ich mich unwohl fühle, habe ich gelernt, meine Wünsche und Ängste klar zu äußern, was auch gleichzeitig meinen einzigen persönlichen Rat für den Umgang mit Zwängen darstellt. Eine Therapie kann natürlich ebenfalls helfen, aber sie sieht normalerweise Exposition vor, also das absichtliche und kontrollierte Herbeiführen von Situationen, in denen man, vereinfacht gesagt, beispielsweise einen verunreinigten Gegenstand berührt und sich anschließend nicht die Hände wäscht. In meinem Fall werden meine Zwänge allerdings sofort durch Panik ersetzt, was eine Therapie erheblich erschwert. Es nervt mich unheimlich, nicht normal zu sein, und wenn mir Widerstand oder Unverständnis zuteilwird, erzeugt das bei mir schnell Selbsthass.

Einige meiner Zwänge haben ihren Ursprung in meiner Kindheit. Ich erinnere mich an viele kleine Episoden, die erst in der Retrospektive ein Bild ergeben. Als mein kleiner Bruder zum Beispiel einmal in einem unbeobachteten Moment mit Tinte herumspielte und er diese ins Gesicht bekam, rastete meine Mutter völlig aus und schrie mich an, dass sie Andy jetzt wegen mir ins Krankenhaus bringen müsse, ganz so, als hätte er gerade mit Milzbrand-Pulver hantiert. Es gab auch eine Phase, in der meine Mutter glaubte, dass ihre Nahrungsmittel vergiftet sein könnten, weshalb sie mich häufig ihr Essen und ihre

Getränke vorkosten ließ. Sie lebte mir ihre damaligen Zwänge täglich vor, und so etwas manifestiert sich im Unterbewusstsein eines Kindes. Nicht selten wurde ich ohne Essen von meinem Stiefvater ins Bett geschickt, wenn meine Mutter das Abendessen nicht pünktlich auf den Tisch gebracht hatte. Regelmäßig litt ich Hunger und klaute dem Hund einmal sogar sein Trockenfutter aus dem Napf. Irgendwie hat sich aus diesen und anderen Situationen ein gestörtes Verhältnis zum Essen und Trinken entwickelt. Es war mir schon immer unmöglich, ein Getränk mit einem anderen Menschen zu teilen, was ich zwar vordergründig mit meinem Hygienezwang erkläre, doch vielleicht habe ich unterbewusst einfach Angst, ich müsse wieder hungern oder durstig bleiben. Die einzige Ausnahme stellt mein Mann dar, zu dem ich eine Art Urvertrauen entwickelt habe. Mit ihm teile ich Getränke, aber ich küsse ihn ja schließlich auch, wobei die Coronakrise selbst das zu einer Herausforderung für mich werden lässt.

Meine Zwänge sind gerade leider so schlimm wie noch nie. Passiert aktuell etwas, was nicht unter meiner Kontrolle ist, geht in meinem Gehirn ein Countdown los, der erst endet, sobald die Inkubationszeit vorüber ist. Dafür reicht es bereits, wenn Benny das Haus verlässt, um sich mit einem Freund an der frischen Luft unter Einhaltung der Abstandsregeln auf ein Bier zu treffen, oder jemand im Supermarkt in meiner Nähe hustet. Jedes Mal wird die Reset-Taste in meinem Kopf gedrückt, und der Countdown beginnt von Neuem. Generell ist meistens Kontrollverlust der Auslöser. Die Ausbreitung eines Virus kann ich nicht verhindern, genauso wenig wie ich damals verhindern konnte, die USA zu verlassen. Auch in meiner eigenen Krebserkrankung und in meiner Arbeit mit krebskranken Menschen findet sich so wieder ein Auslöser. Betreue ich einen Schützling und sehe, wie er kämpft und trotz aller Anstrengungen und Versuche sein eigenes Überleben nicht mehr in der Hand hat und die Kontrolle verliert, mache ich mir das jedes Mal aufs Neue zu eigen. So entsteht zwar eine einmalig empathische Verbindung, aber da ich mich als eine von ihnen fühle, nehme ich auch immer wieder aktiv an diesem Kontrollverlust teil.

Ich glaube nicht, dass das Gefühl, wahrhaftig von einem Dämon besessen zu sein, noch einmal wiederkehren kann, aber mein Unterbewusstsein wird auch in Zukunft versuchen, einen Kontrollverlust mit Zwangsgedanken- oder -handlungen auszugleichen, und ich fürchte, sie werden mich in unterschiedlicher Ausprägung den Rest meines Lebens begleiten. Ich muss mir leider eingestehen, dass ich in dieser Hinsicht ziemlich machtlos bin.

VERLUSTÄNGSTE

Kapitel 5

5.1 Die Gegenwart

Inzwischen haben wir Juni, und die Hälfte dieses ungewöhnlichen Jahres mit seinen Einschränkungen und seiner Entschleunigung liegt hinter uns. Neben meinen physischen und mentalen Problemen hält bei Benny und mir zunehmend Existenzangst Einzug. Die Corona-Hilfen für Selbstständige, die direkt oder indirekt von der Krise betroffen sind, fallen nicht gerade üppig aus, und zum jetzigen Zeitpunkt ist nicht einmal klar, ob wir diese Hilfen überhaupt behalten dürfen. Eigentlich dürfen nur Betriebskosten geltend gemacht werden, aber wovon sollen wir auf Dauer privat unsere Fixkosten decken und unseren Kühlschrank füllen? Ich würde mich nicht schämen, Grundsicherung in Anspruch zu nehmen, aber ich habe hart dafür gearbeitet und gekämpft, nie wieder darauf angewiesen zu sein, was ich in der Vergangenheit nicht zuletzt krankheitsbedingt immer wieder war. In Anbetracht dieser Perspektiven hilft es nicht, dass die Ausstrahlung der dritten Staffel »Voller Leben« um mindestens einen weiteren Monat verschoben wird. Aus Erfahrung weiß ich, dass damit auch alle weiteren Prozesse empfindlich verzögert werden, die für die Entscheidung für oder gegen eine weitere Staffel nötig sind. Mit »Voller Leben« verdiene ich aktuell den Großteil meines Lebensunterhalts.

Mir fehlt außerdem der persönliche Kontakt zu meinen Schützlingen. Wie wichtig dieser für mich aus verschiedenen Gründen ist, habe ich bereits ausführlich erklärt. Hotels haben zwar wieder eingeschränkt geöffnet, aber ich habe zu große Bedenken, mich oder einen Schützling zu infizieren. Daher reift in mir eine Idee. Ich miete mir mit Fuck Cancer einen Camper! Damit bin ich unabhängiger, kann ein paar Besuche machen und mich etwas ablenken. Franzi und ich sind inzwischen ohnehin erprobte Roadtrip-Buddys, und so beginnen wir uns ausführlich zu informieren.

Eine Produktionsfirma, mit der ich schon vor der Coronakrise in regem Austausch für ein mögliches neues TV-Format stand, an dem auch der Regisseur von »Voller Leben« beteiligt wäre, zeigt an meiner Idee erfreulicherweise großes Interesse. Sie möchten mich daher gerne mit einem Kamerateam begleiten und daraus einen Bericht für einen Privatsender stricken. Mir wird also kurzerhand eine neue Redakteurin zur Seite gestellt, und ich stelle ihr meine Planung vor. Ich möchte gerne Jule in Bayern besuchen. Jule ist nicht nur Schützling, sondern auch ein Protagonist in »Voller Leben«. Aufgrund der Coronakrise hatten wir am Ende keinen einzigen Dreh zusammen, und da ihre Krankheit relativ weit fortgeschritten ist, möchte ich sie nun endlich wieder treffen. Auf dem Weg nach Bayern könnte ich außerdem in Tanjas Heimat einen Zwischenstopp einlegen und ihr Grab besuchen, um verspätet Abschied zu nehmen, was mir Anfang des Jahres verwehrt geblieben war. Auch über ein Wiedersehen mit Tanjas Eltern und ihrer Tochter würde ich mich sehr freuen. Leider wird aus diesem Plan nichts. Da »Voller Leben« noch nicht ausgestrahlt wurde, können wir keinen Beitrag mit Jule zeigen, weil dieser Dinge vorwegnehmen würde, die dramaturgisch wichtig sind. Das ist sehr ärgerlich, macht aber zugegebenermaßen Sinn. Also überlege ich mir einen anderen Plan. Nach einem privaten Zwischenstopp bei meinen beiden Onkeln in Eschwege würde ich einen Schützling in Thüringen besuchen, bevor ich mich anschließend auf den Weg nach Brandenburg machen könnte, um Michelles Mutter Simone zu besuchen, die mir inzwischen eine gute Freundin geworden ist. Simone möchte mir feierlich einen Anhänger überreichen, der ein wenig von Michelles Asche enthält. Dieser Trip würde dem gleichen Muster wie der erste Plan folgen. Der Zuschauer bekäme einen Einblick in die aktuelle Betreuung eines Schützlings, und gleichzeitig kann auch mein Abschied von einem verstorbenen Schützling und die Nachbetreuung der Angehörigen gezeigt werden, die ich manchmal ebenfalls übernehme, sofern sich ein freundschaftliches Verhältnis entwickelt hat. Da zunächst kein Kamerateam verfügbar ist, muss ich den Trip um zehn Tage verschieben. Dadurch rutschen wir von der Neben- in die Hauptsaison, was neben den Umbuchungsgebühren für das Wohnmobil insgesamt Mehrkosten von circa 500 Euro darstellt. Die Produktionsfirma erklärt sich aber bereit, diese Kostendifferenz zu übernehmen. Nachdem es also nach den Umplanungen endlich grünes Licht für den Dreh gibt, arrangiere ich noch für geringe Kosten einen Campingplatz in Brandenburg und handle darüber hinaus eine Drehgenehmigung ohne Aufpreis für die Produktionsfirma aus.

Einen Tag vor der Abreise erhalte ich schließlich den Drehplan, mit dem ich so allerdings nicht einverstanden bin. Er ist deutlich zu eng getaktet und darauf ausgelegt, mit möglichst wenig Zeitaufwand viele Bilder einzufangen. Aber so arbeite ich nicht! Wir besuchen schließlich echte Menschen mit echten Schicksalen. Ich bin gewillt, diese Meinungsverschiedenheit professionell aus dem Weg zu räumen, und mache in meinen Augen konstruktive Lösungsvorschläge, doch die Zeit ist knapp, und wir haben Schwierigkeiten, zusammenzukommen. Als meine WhatsApp-Nachrichten plötzlich nicht mehr durchgehen und die Redakteurin nicht mehr ans Telefon geht, wird mir klar: Es wird keinen Dreh geben; ich bleibe womöglich auch noch auf meinen Mehrkosten sitzen und erhalte keine Gage. Ich bin fassungslos und enttäuscht! In der Medienbranche geht es insbesondere bei den Drehs für Privatsender häufig um inszenierte Emotionen und schnelle Bilder, motiviert durch die Neigung des Zuschauers zum Voyeurismus, der im Reality-TV seine Befriedigung findet. Ich glaube, ich bin durch die Arbeit mit »Voller Leben« schlichtweg verwöhnt. Ich bin es gewohnt, mit diesem Format meine Arbeit den Menschen vor den Fernsehern so authentisch wie möglich näherzubringen. Authentizität ist ein viel beschworenes Wort dieser Branche, aber die Realität sieht häufig leider anders aus. Freiberufliche Kameraleute, Tontechniker und Cutter werden stundenweise gebucht. Zeit ist also Geld, und echte Emotionen einzufangen damit teuer. Ein Preis, den diese Produktionsfirma nicht zahlen wollte, genauso wenig, wie ich bereit bin, mich in einen Drehplan pressen zu lassen, der meine Arbeit zu einem Schaulaufen verkommen ließe.

Gerade in der jetzigen Situation falle ich emotional wieder in ein tiefes Loch; es wäre so wichtig für mich gewesen, diesen Trip zu unternehmen. Ich komme mir ausgenutzt vor und verurteile vor allem das unprofessionelle Verhalten, mich einfach zu ignorieren und zu blocken. Ich habe alles organisiert, extra verschoben, bin in Vorleistung getreten und habe Schützlinge enttäuschen müssen. Darüber hinaus habe ich Bedenken, in der Branche schlechtgemacht zu werden und fortan als

»schwierig« zu gelten. Vielleicht war ich auch einfach nur eine willkommene *Cashcow*, als noch alles von selbst lief, und nun wurde ich eben genug gemolken. Das vollgetankte Wohnmobil steht zwar fahrbereit vor der Tür, doch ich bin unendlich niedergeschlagen. Franzi, Benny und Sebastian, der Tontechniker aus meinem »Voller Leben«-Team, der sich bereit erklärt hatte, Franzi und mich das erste Stück zu fahren, reden stundenlang mit Engelszungen auf mich ein, den Trip trotzdem zu machen. Sie scheinen zu ahnen, dass ich über meinen Schatten springen muss, um nicht vollends in meinem Loch zu versinken. Das Wohnmobil wird beladen und alles vorbereitet, und irgendwann willige ich tatsächlich ein. Motiviert bin ich jedoch weiterhin nicht. Es ist mehr so, dass ich mich in dieses Schicksal füge statt in ein anderes. Auf der Fahrt zu meinem Onkel rede ich fast kein Wort.

Ich habe dieser Tage große Angst, meine Existenz zu verlieren. Vielen Selbstständigen geht es aktuell so, aber ich bin nun einmal ein gebranntes Kind, da ich in meinem Leben schon so viel verloren habe – Existenzen genauso wie Menschen.

5.2 Die Vergangenheit

An meinen ersten großen Verlust kann ich mich selbst nur schemenhaft erinnern, und viele Begleitumstände kenne ich nur aus den Überlieferungen meiner Familie und einigen Fotos. Dennoch hatte er weitreichende Folgen für mich und meine gesamte Familie.

Mein Vater hieß Egon, aber da ihm der Name anscheinend nicht gefiel, hatte er sich selbst den Namen Thomas gegeben.

Er war ein beliebter und extrovertierter Mensch, und wie ich selbst litten er und sein Umfeld an seiner Borderline-Persönlichkeitsstörung, die sich in erster Linie in seiner Impulsivität und Depression äußerte. Er hatte bereits vor meiner Geburt zwei Kinder mit Veronica aus Texas und war generell nie verlegen um den romantischen Kontakt zu Frauen. Passend dazu hatte er sowohl vor dem Altwerden als auch vor dem Tod große Angst, obwohl er immer wieder mal davon sprach, sich umzubringen, verbunden mit der Frage, ob ihn denn überhaupt jemand auf dem Friedhof besuchen würde. Die Hälfte seiner Familie war nach dem Zweiten Weltkrieg in die USA ausgewandert, aber als Mitglied der Military Police kam er wieder nach Deutschland zurück. Wie viele Amerikaner war auch er ein Waffennarr, der gewissenhafte Umgang damit war ihm allerdings wichtig. Seine Sammlung stand unter sicherem Verschluss, und er besaß außerdem kaum scharfe Munition, sondern lebte seine Leidenschaft mit Platzpatronen aus. Er hatte zudem eine Vorliebe für Autos und schraubte gerne an ihnen herum. Auf seinen Ford Capri war er besonders stolz.

Meine Eltern trennten sich bereits vor meiner Geburt. Während der Schwangerschaft hatte eine Affäre mit dem Namen Anne einen Keil zwischen sie getrieben, was meiner Mutter das Herz brach, denn sie liebte meinen Vater sehr. Anne umgab der Ruf, eine G. I.-Jägerin zu sein, also eine Frau mit einer Präferenz für US-Soldaten. Sie hatte mit einem fast blinden Ehemann und zwei kleinen Kindern zwar bereits eine Familie, aber mein Vater war ein gut aussehender Typ und passte genau in ihr Beuteschema. Die Affäre flog auf, und das Unglück nahm seinen Lauf.

Ich kam schließlich im Mai 1977 als Frühchen auf die Welt, nachdem meine Mutter die Treppe heruntergefallen war. Laut den Ärzten hätte ich die erste Nacht nicht überleben sollen.

Doch mein kleines Herz schien bereits einen eisernen Lebenswillen zu haben. Die ersten Wochen meines Lebens verbrachte ich statt in den Armen meiner Mutter in einem Inkubator, gleichwohl war mein Vater sofort Feuer und Flamme für mich, seine kleine Kämpferin, und er hatte mich wohl direkt in sein Herz geschlossen. Meine ersten zwei Lebensjahre wohnte mein Vater noch bei uns, bevor sich meine Eltern endgültig trennten und er mit Anne zusammenzog, die ihre Familie ebenfalls verließ. Einem missverständlichen Schreiben des Jugendamtes über eine enorme Nachzahlungsaufforderung war es zu verdanken, dass mein Vater meine Mutter mit einer geladenen Waffe an ihrem Kopf bedrohte. Er musste bereits Unterhalt für zwei Kinder zahlen und war anscheinend nicht bereit, die Kosten für ein drittes Kind zu übernehmen. Meine Mutter redete sich um Kopf und Kragen, und tatsächlich gelang es ihr am Ende, meinen Vater zu beruhigen, der irgendwann die Waffe sinken ließ und sich unter Tränen entschuldigte.

1980 war ich gerade zwei Jahre jung und lebte mit meiner Mutter nach wie vor in Deutschland. Eigentlich verbrachte ich mehr Zeit bei und mit meiner Oma. Meine Mutter arbeitete als Zahnarzthelferin und brachte mich immerhin jeden Abend ins Bett. An einem dieser Abende puderte mir meine Mutter gerade meinen Popo und verpasste mir eine frische Windel für die Nacht, als das Telefon klingelte. Mein Vater hatte sich mit einer Winchester, ein Gewehr aus seiner Sammlung, in Annes Wohnung das Leben genommen. Meine zwölfjährige Schwester, die an diesem Tag bei meinem Vater war, schlief zu dieser Zeit im Nebenraum und war zuvor mit Baldrian ruhiggestellt worden. Vorausgegangen war wohl ein heftiger Streit zwischen Anne und meinem Vater. Meine Familie ist sich bis heute sicher, dass Anne ihn dazu getrieben haben muss, während er unter Alkoholeinfluss stand. Eigentlich hatte mein Vater viel zu große Angst vor dem Tod, um diesen Schritt zu gehen, aber seine Impulsivität muss wohl für einen Moment die Oberhand über seine Angst gewonnen haben, als er sich das Gewehr in den Mund steckte und abdrückte. Er lebte anschließend noch zwei Stunden, bevor er schließlich im Krankenhaus verstarb. Ich sollte ihn nie wirklich kennenlernen und keine bewussten Erinnerungen an ihn zurückbehalten. Bis heute sind einige Umstände ungeklärt und treiben mich um. Wieso war meiner Schwester vorher ein Beruhigungsmittel verabreicht worden? Das klingt nicht nach einer impulsgesteuerten Affekthandlung, sondern danach, dass die Tat geplant gewesen sein muss. Auch die scharfe Munition aus dem sicher verschlossenen Schrank zu holen und die Waffe zu laden ist keine Sache von Augenblicken. Zudem hatte mein Vater an diesem Tag mehrfach vergeblich versucht, meine Mutter zu erreichen, die an diesem Tag jedoch länger hatte arbeiten müssen. Er hinterließ bei meiner Oma eine Nachricht, dass es »super wichtig sei«, mit Brigitte, also meiner Mutter, zu sprechen. Die Ermittlungen wurden damals rasch eingestellt, und meine Fragen werden niemals beantwortet werden.

An der Beerdigung durfte ich nicht teilnehmen. Dass mein Vater in einem offenen Sarg während der Trauerfeier aufgebahrt wurde, sollten meine Kinderaugen nicht sehen. Vielleicht war das besser so. Denn es gab einen riesigen Eklat, als Anne in einem knallroten Kleid einmarschierte, nachdem sie sich wirkungsvoll von einem Rudel G.I.s am Friedhof hatte absetzen lassen. Meine erste klare Kindheitserinnerung ist aber tatsächlich der Besuch an seinem Grab einige Tage später. Man hatte mir gesagt, dass er bei einem Autounfall ums Leben gekommen wäre.

Die Wahrheit über seinen Tod erfuhr ich erst mit elf Jahren. Wir lebten zu diesem Zeitpunkt also schon seit Jahren in Amerika, aber in diesen Sommerferien war ich das erste Mal wieder zu Besuch in Deutschland bei meiner Lorsbacher Oma. Dieser Urlaub war etwas ganz Besonderes für mich, denn zeitgleich war auch mein Bruder Boris, der sonst in Texas bei Veronica lebte, zusammen mit meiner Eschweger Oma in Lorsbach zu Gast. Außer von seiner Existenz wusste ich rein gar nichts von ihm, und plötzlich hatte ich einen siebzehnjährigen Bruder vor mir stehen. Es war Geschwisterliebe auf den ersten Blick. Da ich meinen Vater nicht kennenlernen durfte, war Boris so etwas wie mein fehlendes Puzzlestück, und ich glaube, ihm ging es umgekehrt genauso. Als meine Oma uns beide zu einem Spaziergang mitnahm, offenbarte sie mir aus dem Nichts die Wahrheit über den Tod meines Vaters. Ich war geschockt! Und ich war wütend! Meine Kindheit war alles andere als behütet und schön. Mit ihm hätte alles anders sein können! Es fühlte sich an, als hätte mein Vater einfach keinen Bock auf mich und alle anderen gehabt und sich deswegen aus dem Staub gemacht.

Schon vor dem Tod meines Vaters pflegte meine Mutter nach der Trennung innigen Briefkontakt zu dem Cousin meines Vaters, Raymond McDonald, in den USA. Aus dieser Brieffreundschaft wurde so etwas wie eine Fernbeziehung, und das bewog meine Mutter zu dem Entschluss, in den USA einen Neuanfang zu suchen – mit mir im Gepäck. Ich erinnere mich noch gut, wie ich mit meinen vier Jahren heulend an der Kittelschürze meiner geliebten Oma hing, die mich ebenfalls nicht loslassen wollte. Ich verbrachte schließlich die meiste Zeit bei ihr, und sie war noch vor meiner Mutter meine wichtigste Bezugsperson. Meine ersten Sozialkontakte im Kindergarten musste ich aufgeben, und das Abenteuer meines ersten Fluges über den Atlantik begann im Winter 1980 im zarten Alter von dreieinhalb Jahren. Damals hatte ich noch keine Flugangst, und alles war neu und spannend. Ich saß auf einem Fensterplatz und drückte mir stundenlang an der kalten Scheibe gebannt die Nase platt, bekam von den freundlichen Stewardessen ein Malbuch geschenkt und lauschte Hörspielen auf dem bordeigenen Kinderkanal, wenn ich nicht gerade schlief. Erst kurz vor der Landung hatte ich wahnsinnige Angst. Im Anflug nahmen meine Kinderaugen all die winzigen Häuser, Autos und Menschen wahr, und ich war mir sicher, dass wir dieses Spielzeugland mit unserem riesigen Flugzeug kaputt machen und viele der Spielzeugmenschen ihr Leben verlieren würden, sobald wir aufsetzten. Dafür, dass von oben alles so klein gewirkt hatte, war auf dem Boden in San Francisco alles ganz schön groß. Ray und meine Großtante Marta erwarteten uns schon am Flughafen. Für meine Mutter und Ray muss es unheimlich spannend gewesen sein, sich nach der langen Zeit des Schreibens tatsächlich wiederzusehen. Ich hingegen war damit beschäftigt, all die Eindrücke zu verarbeiten, die auf mich einprasselten. Ray war ein typischer *Hillbilly*. Er hatte einen dicken, fusseligen Bart und trug eine ausgeleierte gelbe Baseballmütze mit einem Chevrolet-Logo, unter der seine Haare hervorragten und strähnig über die Ohren hingen. Unter dem linken Ärmel seines weißen T-Shirts, auf dem ein Adler mit einer Konföderiertenflagge prangte, steckte ein Päckchen Marlboro-Zigaretten. Das T-Shirt selbst war in eine ausgeblichene Blue-Jeans gestopft. Ray arbeitete in einer Gewürzfabrik, und so wurde seine Erscheinung von einem intensiven Zwiebelgeruch abgerundet. Marta war mit ihrer gepflegten Erscheinung, die durch eine weiße Perlenkette noch hervorgehoben wurde, das krasse Gegenteil. Während sie allerdings einen eher reservierten Eindruck hinterließ, schien Ray ein ziemlich dufter Typ zu sein und begrüßte neben meiner Mutter auch mich freudig und offen. In seinem froschgrünen Chevrolet Bel Air machten wir uns auf den Weg nach Winton in Kalifornien, meine neue Heimat. Es ging aber nicht direkt in unser neues Zuhause. Meine Mutter wollte die erste Nacht wohl gerne ungestört mit Ray verbringen, was mir jedoch niemand sagte. Ich wurde nach dem frühen Abendessen um 17 Uhr im Gästezimmer von Martas Haus zu Bett gebracht und konnte wegen der ganzen Aufregung und des Jetlags zunächst nicht einschlafen. Also schaute ich neugierig aus dem Fenster, und dort sah ich zu meiner Überraschung meine Mutter, die mit Ray zusammen wegfuhr, während ich alleine zurückblieb. Meine kleinen Fäuste hämmerten gegen das Fenster, aber meine Mutter hörte mich nicht, und es war zu spät. Ich war ganz alleine in einem fremden Land, bei völlig fremden Menschen, und ich dachte wahrlich, meine Mutter hätte mich verlassen und ich würde sie nie wiedersehen. Ich versuchte an meine Oma zu denken und mir ihr gütiges, sanftes Gesicht vorzustellen, und irgendwann gelang es mir, mich leise in den Schlaf zu weinen.

Als ich am nächsten Morgen wach wurde, war meine Mutter wieder bei mir. Ray war bereits auf der Arbeit und hatte für den Weg dorthin sein Auto genommen. Da meine Mutter mir gerne unser neues Domizil zeigen wollte, mussten wir fast eine Stunde lang zu Fuß laufen, bis wir unser Ziel erreichten. Ray wohnte mit seiner Tochter Jessica, die später nach meinen geträumten Vorhersagen an Lymphdrüsenkrebs erkranken sollte, in einem Trailerpark. So etwas kannte ich aus Deutschland nicht. Sein Zuhause war zwar kein Wohnwagen, aber auch kein richtiges Haus, mehr so etwas wie ein großer, langer Container, in dem man wohnen kann. Ich war gespannt darauf, das Ganze von innen sehen zu können, doch daraus wurde zunächst nichts. Rays Trailer wurde nämlich von zwei Hunden bewacht. Der eine war eine harmlose Promenadenmischung und hörte auf den Namen Happy. Rex allerdings war eine Kreuzung aus Wolf und Schäferhund, dem der Schwanz fehlte. Vielleicht auch deswegen schien er schlecht gelaunt zu sein und ließ uns laut bellend und einschüchternd knurrend nicht in die Nähe des Trailers. Es war neblig bei vielleicht 15 Grad, und so warteten wir stundenlang, bis Ray schließlich von der Arbeit nach Hause kam. Das Innere des Trailers empfand ich als düstere Höhle. Es war im Prinzip ein langer Schlauch, in dem viel dunkles Holz verarbeitet war. Immerhin war es sauber. Ich selbst hatte zwar noch kein eigenes Zimmer, aber dieses war schon bestellt und wurde nicht einmal vier Wochen später geliefert und einfach an den vorhandenen Trailer angedockt. Zu dem verhältnismäßig großen Grundstück gehörten noch ein Schuppen und eine Einfahrt, in der neben dem grünen Chevy immer wechselnde Autos standen, an denen Ray in seiner Freizeit herumbastelte. Mein erster Eindruck bestätigte sich indes, und bei Ray handelte es sich um einen lieben Kerl. Er hatte mir neben neuer Kleidung zusätzlich ein Fahrrad besorgt. Es war lila, hatte einen Bananensattel und die für die 80er-Jahre typischen hohen Lenkergriffe. Dass es gebraucht war, hätte mich eigentlich nicht gestört, aber Marta schenkte Jessica kurz darauf ein funkelnagelneues, rosafarbenes Fahrrad mit einem weißen Korb an der Lenkerstange, das meines deutlich ausstach. Mit meinen vier Jahren war ich ziemlich neidisch. Ray gab sich zwar Mühe, aber insbesondere wegen Marta, der es vermutlich ohnehin nicht recht war, dass meine Mutter und Ray ein Paar waren, fühlte ich mich nie wirklich zugehörig. Im Kindergarten fand ich dafür indes schnell Anschluss, und mein Englisch wurde zunehmend besser. Auch meine Mutter fand in Renate eine gute Freundin in einer deutschen Community, und mit Renates Tochter Ramona, die ein wenig jünger war als ich, hatte ich sogar meine beste Freundin fürs Leben gefunden.

Meine aufkeimenden Gefühle von Anschluss, Freundschaft und Heimat sollten jedoch nicht von langer Dauer sein. Mit der Beziehung zwischen meiner Mutter und Ray ging es alsbald rasant bergab. Sie stritten sich häufig und lautstark. Ich erinnere mich noch gut, wie Ray meine Mutter anschrie und mir dabei mit seinen flachen Händen beide Ohren zuhielt, damit ich seine Kraftausdrücke nicht mitbekäme. Ein irgendwie gut gemeinter, aber gänzlich wirkungsloser Versuch, denn ich hörte jedes Wort, was meinen englischen Wortschatz schon früh negativ prägte. Nach nur einem Jahr war dann auch Schluss zwischen meiner Mutter und Ray. Mit der Beziehung ging zeitgleich das Visum für die USA zu Ende, und plötzlich mussten wir nach Deutschland zurück. Es war seltsam, wieder in Deutschland zu sein, denn Kalifornien war inzwischen zu meiner Heimat geworden. Ich war sechs Jahre alt und konnte viel besser Englisch als Deutsch. Doch nun stand ich da, mit meiner Schultüte, und ging für das erste Halbjahr in die erste Klasse der Grundschule Lorsbach. Bereits ein halbes Jahr später brach meine Mutter unsere Zelte allerdings von Neuem ab, und wir kehrten zurück nach Kalifornien. Allein der erneute Abschied von meiner geliebten Oma fügte meinem kleinen Herzen eine weitere Narbe hinzu.

Die zweite Hälfte des Schuljahres war ich vom Pech verfolgt. Zuerst erwischte mich die Influenza so heftig, dass Angehörige unserer christlichen Kirchengemeinde mir sogar die letzte Ölung gaben. Die Krankheit überstand ich zwar, aber nachdem ich mit meinem kindlichen Verstand beschlossen hatte, dass Vitamintabletten sicher helfen würden, mich vor weiteren Infektionen zu bewahren, und deswegen eine ganze Schachtel voll zu mir nahm, erntete ich weitere Fehltage wegen einer Überdosis Eisen. Als ich dann auch noch eine allergische Reaktion auf unzählige Sandflohbisse bekam, war klar, dass ich die erste Klasse unweigerlich wiederholen müsste. Ich schämte mich furchtbar. Es ist sehr unrühmlich, seine schulische Karriere direkt mit einer Ehrenrunde zu beginnen, aber in meiner neuen ersten Klasse war ich immerhin direkt die Beste, und das sollte auch erst einmal so bleiben. Das änderte nichts daran, dass ich für die zweite Klasse abermals die Schule wechseln musste. Meine Mutter hatte zwischenzeitlich einen neuen Mann in ihrer Kirchengemeinde kennengelernt. Wir zogen in das benachbarte Atwater, wo ich für ein Jahr die Mitchell Elementary School besuchte. Trotz Schulwechsel freute ich mich auf die Zeit in Atwater. Ich fühlte mich so verloren und war daher auf der Suche nach einer Bezugsperson. Ich hoffte, sie in Person meiner Mutter zu finden, da ich annahm, sie nun endlich mehr für mich haben zu können, da wir zunächst alleine in ein Apartment zogen. Diese Hoffnung sollte sich nicht erfüllen, denn es dauerte nicht lange, und der Freund meiner Mutter zog zu uns. Dieser hieß Mike und war auf den ersten Blick ein weiterer richtig netter Kerl. Mit seinen ein Meter neunzig, seinen dunklen Haaren und dem dunklen Vollbart war er eine stattliche und gepflegte Erscheinung. Mike ging auf mich ein, hatte Freude daran, mir Dinge zu schenken, und nahm sich Zeit, mit mir zu spielen. Einmal überraschte er mich mit einem Transformer, der sich von einem Roboter in einen Helikopter verwandeln konnte. Ich spielte als kleines Mädchen zwar auch mit Barbies, aber mit diesem Geschenk traf er trotzdem voll ins Schwarze. Leider sollte das nicht von Dauer sein. Meine Mutter und ich besaßen nicht viel, und das wenige, das wir hatten, entsorgten wir, als Mike bei uns einzog, weil er seinen eigenen Hausstand gleich mitbrachte. Als meine Mutter ungeplant schwanger wurde, veränderte dieser Umstand Mike grundlegend. Mike war zu dieser Zeit gerade einmal Mitte zwanzig und wirkte überfordert mit dem Gedanken, bereits Vater sein zu müssen. Er war wie ausgewechselt, und zu Hause herrschte nur noch Streit. Meine Mutter litt zudem unter heftiger Schwangerschaftsübelkeit, was sie ziemlich unselbstständig und zu einer Bürde werden ließ. Das war zu viel für Mike, der seine Sachen packte und erst einmal das Weite suchte. Meiner Mutter ließ er das Bett, aber ansonsten nicht viel. Ich selbst schlief auf einer Matratze auf dem Boden. Die Schule besuchte ich unregelmäßig, da ich mich mit meinen acht Jahren viel um meine Mutter kümmern musste. Fast jeden Tag kochte ich Kartoffelbrei mit Apfelmus, denn viel mehr Rezepte beherrschte ich noch nicht und viel mehr konnten wir uns ohnehin nicht leisten. Einige Monate lebten wir so vor uns hin, bis Mike zu uns zurückkam.

Ich war ein stilles Kind und redete nicht viel. In der Schule hatte ich keine richtig dicken Freundinnen, kam aber zurecht, und ich ging gerne in die Schule, schon alleine, weil es dort besser war als zu Hause. Morgens war es häufig nebelig im San Joaquin Valley, und der Nebel staute sich dann immer auf unserem Schulhof. Es war, als würde man durch die Wolken fliegen, und wir Mädchen taten gerne so, als wären wir fliegende Pegasus-Einhörner, die in den Wolken leben – majestätisch und schön.

Mit der Rückkehr meines Stiefvaters zogen wir zurück nach Winton, was für mich den erneuten Wechsel zurück in die dortige Sybil N. Crookham Elementary School bedeutete. Mike war streng religiös aufgewachsen. Vermutlich übte seine Familie massiven Druck aus, dass er nun die Konsequenzen tragen und meine Mutter heiraten müsse, was er dann auch tat. Mike war Vorarbeiter in einer Fabrik, die Glaswolle herstellte. Der Schichtdienst war hart, aber er verdiente gutes Geld, und ich glaube, er hatte wirklich ehrenwerte Vorsätze, als er das Haus in Winton für circa 80 000 Dollar kaufte. Mein Zimmer hatte noch von den Vorbesitzern eine wunderschöne Fototapete mit einer grünen Wiese und einem Regenbogen darüber. Es war kein hässliches Haus, aber für die nächsten Jahre sollte es eine Art Gefängnis für mich sein. Mein Bruder Andy kam schließlich auf die Welt, und die Situation zu Hause verschlechterte sich von unangenehm zu desolat. Mein Leben wurde bestimmt durch Streit, Geschrei und Beleidigungen. Regelmäßig ging Mike auf meine Mutter los. Bei mir beließ er es zumeist bei Drohungen, Essensentzug und Hausarrest. Gefühlt stand ich die Hälfte meiner Kindheit unter Hausarrest, das Schlimmste war aber sein Geschrei. Ich hatte große Angst vor Mike und zuckte bei jeder seiner Stimmungsschwankungen und verdächtigen Bewegungen zusammen. Besonders das Abendessen war ein täglicher Fixpunkt der Eskalation. Mike erwartete das Essen pünktlich auf dem Tisch, was meine Mutter meistens nicht schaffte. Nicht selten setzte er sich also schon mit Wut im Bauch an den Tisch. Nur ein falsches Wort meiner Mutter genügte, und sein Teller flog samt dem Essen gegen die Wand. Anschließend wurde ich aus vollem Hals angebrüllt, mit derben Schimpfwörtern beleidigt und ohne Essen ins Bett geschickt, während Andy in seinem Kinderhochstuhl wie am Spieß schrie. Vermutlich richtete sich sein Zorn gar nicht gegen mich, sondern gegen meine Mutter, aber er ahnte wohl unterbewusst, dass er sie verletzen konnte, indem er mich seelisch misshandelte. Er schlug mich nur selten, aber wenn, dann richtig. Besonders ein Vorfall ist mir im Gedächtnis geblieben.

Wir hatten einige Haustiere, mit denen ich mich hingebungsvoll beschäftigte. Wie so viele Mädchen in meinem Alter wollte ich später einmal Tierärztin werden, und besonders unsere Hasen und Katzen mussten etwas unfreiwillig immer mal wieder Haarproben lassen, sodass Doktor Myriam anhand der Resultate eine belastbare Diagnose stellen konnte. Meine größte Leistung war es vermutlich, einer unserer Katzen alle vier Beine mit Eisstielen zu schienen, die daraufhin jedoch wenig begeistert meiner Fürsorge entkam und der Beweglichkeit ihrer Kniegelenke beraubt davonstakste. Besonders viel Zeit verbrachte ich im Garten mit unserem Hund. »Schatzi« war eine *Basset-Hound-Hündin*, die, außer von mir, kaum Aufmerksamkeit bekam und zumeist angekettet auf ihrer Hundehütte lag – wir hätten sie »Snoopy« nennen sollen. Irgendwie hatte ich das Gefühl, dass sie genau wie ich hier eingesperrt war, und so verbrachte ich oftmals ganze Nachmittage zusammen mit Schatzi auf der Hundehütte sitzend, während mein kleines Kofferradio lief und ich dazu sang. Ich müsste lügen, was mich einmal dazu bewog, mit einem Gürtel nach Schatzi zu schlagen, die daraufhin laut aufquiekte. Vielleicht hatte ich den unterbewussten Drang, meinen Frust an dem einzigen Wesen auszulassen, über das ich etwas Macht hatte. Ich bin nicht stolz darauf, aber es ist die Wahrheit. Mein Stiefvater Mike hatte die Szene verfolgt und rastete völlig aus. Mit demselben Gürtel schlug er mich grün und blau, was am nächsten Tag auch in der Schule auffiel. Irgendwie tat aber niemand etwas, und die Abwärtsspirale setzte sich weiter fort. Mike hatte sich einfach nicht mehr unter Kontrolle, was zu einer heftigen Prügelei auf seiner Arbeit führte und ihn den Job kostete. Er war unglücklich über sein Leben, und ich glaube, er wollte, dass um ihn herum auch niemand glücklich ist. Der einst stattliche Mann war Vergangenheit, und ich war zunehmend angewidert von ihm. Arbeitslos und desillusioniert saß er tagein, tagaus in seinem typisch amerikanischen Recliner-Sessel, während er stets seinen braunen Bademantel und seine schlabberige Unterhose trug. Er hatte eine kühle Leere in seinem Blick entwickelt, und ich hatte Angst, in seiner Nähe zu sein.

Meine einzige Konstante in diesen Jahren meiner Kindheit war meine beste Freundin Ramona. Sie war leicht pummelig, hatte lange, blonde Haare und war trotz ihrer sehr weiblichen Gesichtszüge ein burschikoser Typ. Wir waren praktisch unzertrennlich und wie Seelenverwandte. Sie wurde von ihrem Stiefvater Don zumindest körperlich noch deutlich schlimmer misshandelt als ich. Häufig war ich bei ihr zu Hause und bekam aus erster Hand mit, mit welcher Brutalität ihr zugesetzt wurde. War ich nicht selbst dabei, konnte ich mir denken, was wieder passiert war, wenn ich ihre blauen Flecken und Schürfwunden sah. Don war Vietnam-Veteran und hatte vermutlich eine posttraumatische Belastungsstörung zurückbehalten. Als ich mit zehn Jahren zum ersten Mal in eine Gesprächstherapie geschickt wurde, sprach ich kaum über meine eigenen Probleme und meine häusliche Hölle, sondern über die Misshandlungen, die Ramona erdulden musste. Meine Gesprächstherapie hatte eigentlich das Ziel, meinem chronischen Lügen entgegenzuwirken, das ich mir inzwischen angeeignet hatte. Es war weniger böswilliges Lügen, um mir irgendwelche Vorteile zu verschaffen. Vielmehr handelte es sich rückblickend um Geflunker, denn ich bog mir meine Welt gewissermaßen zurecht, damit sie für mich erträglicher wurde. Für mich war ein Therapieerfolg also kaum erstrebenswert, und was bei Ramona vor sich ging, empfand ich als deutlich bedenklicher und belastete auch mich. Meine Therapeutin war von dem, was ich ihr über die Zustände in Ramonas Elternhaus berichtete, entsetzt und benachrichtigte *Child Protective Services* – in den USA am ehesten mit unserem deutschen Jugendamt vergleichbar. Leider hatte der Besuch des CPS keine positiven Konsequenzen für Ramona, denn obwohl ich die Wahrheit sagte, wurde ich von Renate und Don als Lügnerin dargestellt, und so konnten sie Dons Zuwiderhandlungen geschickt verbergen. Beide waren außer sich vor Wut und verboten mir für einige Monate den Zugang zu ihrem Haus. Don war außerdem ein lupenreiner Rassist mit besonders ausgeprägten Vorurteilen gegenüber

Afroamerikanern. Das erklärte sicher auch Ramonas Vorliebe für Jungs und später Männer mit dunkler Hautfarbe, die sie bis ins Erwachsenenalter behalten sollte. Anders als ich war Ramona ihrem Stiefvater gegenüber kein schüchternes, verschrecktes Mädchen. Sie provozierte!

Das letzte Mal sah ich Ramona im Februar 2008. Zu diesem Zeitpunkt lebte ich mit meinem damaligen Ehemann Kai in Flörsheim. Ramona, damals 29 Jahre alt, kam uns für eineinhalb Wochen besuchen. Diese seltenen Gelegenheiten waren für uns beide absolute Highlights. Es tat gut, meine Schwester im Geiste in den Arm nehmen zu können und für einen Augenblick nicht mehr nur indirekt am Leben des anderen teilzunehmen. Ich habe sie noch vor Augen, wie sie mir, einen Latte macchiato schlürfend, gegenübersitzt. Sie war zuvor immer etwas kräftig gewesen, doch damals hatte sie stark abgenommen und trug einige Probleme mit sich herum. Das Jugendamt hatte ihr einen Kurs für *parenting skills*, das heißt elterliche Kompetenzen, auferlegt. Ramona hatte diese Fähigkeiten aus ihrer schwierigen Kindheit nicht mitnehmen können. Ihre Tochter, also meine Patentochter Jasmine, war zu diesem Zeitpunkt fünf und musste überwiegend ohne ihren Vater aufwachsen, von dem Ramona getrennt war. Es gab mit Christopher einen neuen Mann in ihrem Leben, aber da diese Beziehung ein ständiges Hin und Her war, brachte das keine Stabilität nach Hause. Christopher war ein 25-jähriger Afroamerikaner aus Oakland, der beruflich irgendwas in Richtung IT machte. Ramona war verliebt in ihn, aber sie beschrieb ihn auch als sehr eifersüchtig in Bezug auf Jasmine und ihren Vater, weswegen die beiden nicht so richtig auf einen Nenner kamen. Christopher neigte darüber hinaus zu häuslicher Gewalt, doch in Ramona hatte er darin eine abgehärtete, würdige Gegnerin gefunden, denn sie schlug einfach zurück.

Kurz nach ihrer Rückkehr in die Staaten fand Ramona heraus, dass sie schwanger war, und im Mai kam Dissira auf die Welt. Ramona wohnte noch immer in Atwater und betrieb eine Auffangstation für wilde Katzen, die sie einfing, kastrierte und anschließend weitervermittelte. Sie war außerdem auf dem Weg, sich unseren Kindheitstraum, Tierärztin zu werden, zu erfüllen und arbeitete bereits in einer Tierarztpraxis. Nach Dissiras Geburt nahm sie sich ein paar Wochen frei. Anders als mit Jasmine hatte sie diese Schwangerschaft genossen und war voller guter Vorsätze für die Zukunft, als am Vorabend ihrer Rückkehr in die Tierarztpraxis ein heftiger Streit zwischen ihr und Christopher ausbrach.

Ich befand mich zu diesem Zeitpunkt bei einer Freundin in Alzey, und wir tranken zusammen Kaffee, als mich der Anruf meiner Mutter auf meinem Handy erreichte – verstehen konnte ich sie indes nicht. Sie war hysterisch und drückte sich konfus aus. »Mutter, jetzt red doch mal vernünftig!«, schrie ich ungehalten ins Telefon. Meine Mutter schien sich einen Moment zu sammeln und sagte anschließend mit tränenerstickter Stimme: »Die Ramona ist ermordet worden.« Ich wurde starr, umklammerte fest das Telefon und presste es an mein Ohr, während ich mit einem einzigen tiefen Blinzeln einen Schwall Tränen aus meinen Augen drückte. Im klassischen Sinne weinte ich nicht. Ich konnte nicht! Für einige Sekunden war ich wie paralysiert, und die Tränen, die nun warm meine Wangen hinunterliefen, waren nur die Vorboten dessen, was sich in meinem Verstand erst noch sortieren musste. Meine beste Freundin war tot und mit ihr ein Stück meiner Seele. Während meine Mutter weiterredete, wurde ich kreidebleich und begann nun aus vollem Herzen zu weinen. Ich beendete das Gespräch mit meiner Mutter und rief Ramonas Mutter Renate an. Sie stand offensichtlich noch unter Schock, denn sie gab mir die Informationen zu dem Tathergang voller Leere und einem Roboter gleich.

Als der Streit ausbrach, war es bereits spät in der Nacht, und die damals sechsjährige Jasmine schlief in ihrem Zimmer. Sie wurde schließlich von der Lautstärke der Auseinandersetzung geweckt und war aufgestanden, um nachzusehen, was los sei. Ramona und Christopher befanden sich im Wohnzimmer, und Ramona sagte wiederholt zu ihm, dass sie sich trennen wolle. Christopher war außer sich vor Wut und Verzweiflung. »*YOU ARE NOT GOING TO TAKE MY CHILD FROM ME!*«, schrie er Ramona an, da er Angst hatte, die kleine Dissira zu verlieren, die im gemeinsamen Schlafzimmer in ihrer Wiege lag. Vor lauter Zorn boxte er ein Loch in die dünne Wand. Jasmine, die den Streit von der angeschlossenen Küche aus verfolgte, bekam Angst. Sie wusste, dass Christopher einige Wochen zuvor eine Pistole gekauft hatte und diese im Kofferraum seines Autos aufbewahrte. Geistesgegenwärtig schnappte sie sich heimlich seinen Autoschlüssel und versteckte ihn in ihrem Zimmer unter ihrem Kopfkissen. Der weiter eskalierende Streit verlagerte sich derweil in das Schlafzimmer von Ramona und Christopher, wo Ramona nun auf dem Bett saß und der Fernseher sein kaltes Licht in den Raum warf. Christopher schien wie von Sinnen und suchte laut fluchend nach seinen Autoschlüsseln. Jasmine stellte sich in die Tür, um ihm den Zugang zum Auto zu verwehren, das er zu erreichen versuchte. Sie flehte ihn an, nicht nach draußen zu gehen, aber er stieß sie beiseite und stürmte aus dem Haus, wo er den Wagen unverschlossen vorfand. Jasmine hing sich an ihn, doch er schüttelte sie auf dem Weg zurück ins Schlafzimmer ab, wo er die Waffe aus kurzer Distanz auf Ramonas Kopf richtete. »*RUN, JASMINE, RUN!*«, schrie Ramona, während sie sich schützend die Hand vor ihr Gesicht hielt, als sich der erste Schuss löste.

Die Kugel bahnte sich ihren Weg durch die Hand, ihr Gesicht und trat am Hinterkopf wieder aus. Christopher schoss noch ein weiteres Mal und erwischte Ramonas Brustkorb. Christopher schrie Jasmine ein letztes Mal an: »*WHERE ARE MY FUCKING CAR KEYS?*« Jasmine, die völlig verstört und verängstigt vor ihm stand, brachte keinen Ton hervor, woraufhin er sich den Schlüssel zu Ramonas Wagen schnappte, aus dem Haus stürzte und mit quietschenden Reifen davonbrauste. Jasmine schaute sofort nach ihrer Schwester, die völlig unbeeindruckt nach wie vor tief und fest in ihrer Wiege schlief, um sich dann um ihre Mutter zu kümmern. Ramonas Augen waren geöffnet, und sie lebte noch. »*It is going to be okay, I will get help, please don't die!*«, beschwor Jasmine weinend ihre Mutter und versuchte herauszufinden, ob eine Kugel in ihrem Kopf steckte, die sie vielleicht entfernen könnte. Dann stürzte sie blutüberströmt davon und rannte zu den Nachbarn, die den Notruf alarmierten.

Ramona starb noch im Rettungswagen auf dem Weg ins Krankenhaus. Christopher fand man am nächsten Tag tot in Ramonas Auto in einer nahe gelegenen Mandelplantage. Er hatte sich das Leben genommen.

Für mich war Ramonas Tod eine völlig andere Erfahrung als der Tod meiner Oma. Während meine Oma meine wichtigste Bezugsperson war, sah ich Ramona als einen Teil von mir an. Nach einer Weile schlich sich neben Trauer zusätzlich Wut auf Christopher zu meinen Gefühlen. Außerdem hatte ich ein schlechtes Gewissen, weil Ramona mir bei ihrem letzten Besuch 300 Euro geliehen hatte, die ich ihr noch immer schuldete. Meine Gedanken drehten sich noch Jahre später um die Szenen, die sich in diesem Schlafzimmer zugetragen haben mussten, und ich spielte den Ablauf wieder und wieder in meinem Kopf durch. Anders als bei meiner Oma fehlte mir bei Ramona zum ersten Mal der dringend benötigte Abschied. Mein Reisepass war abgelaufen, und damals, nur einige Jahre nach Nine-Eleven, war es nicht ohne Weiteres möglich, einen Expressantrag auf die Ausstellung eines neuen Reisepasses zu stellen. Ich war schließlich »nur« die beste Freundin und kein Teil der Familie. So blieb ich gezwungenermaßen in Deutschland und stellte mir ein ums andere Mal die Frage: »Wieso erkranke ich so schwer und darf weiterleben, während meine gesunde Freundin aus dem Leben gerissen wird?« Das treibt mich noch heute um, aber eine Antwort wird es niemals geben. Ich vermisse Ramona sehr!

5.3 Was bleibt

Bevor ich versuche, in die Tiefe meiner Verlustängste einzutauchen, ist es mir ein Anliegen, an dieser Stelle zunächst eine Lanze für meine Mutter zu brechen. Meine Mutter ist ein fleißiger, hart arbeitender Mensch, der selbst ein schweres Leben hatte. Sie ist ohne viel Liebe und Unterstützung von ihrer Familie durchs Leben gegangen und wurde immer als eine Art schwarzes Schaf angesehen. Sie hat Jahre ihres Lebens versucht, ihren Platz zu finden, und um ihr bisschen Glück gekämpft. Damit kann ich mich durch und durch identifizieren, und ich denke, einen Teil dieses Naturells habe ich von ihr geerbt. Sie hat Entscheidungen getroffen, die sich im Nachhinein als falsch herausstellten, die auch mich betrafen und weiterhin betreffen. Heute kann ich erkennen, dass sie vielfach ein Opfer der Umstände war. Meine Mutter liebt mich und hat das immer getan, auch wenn ich es früher nicht so spüren konnte, wie ich es gebraucht hätte. In meinem Erwachsenenalter sind wir häufig aneinandergeraten, und auch ich habe Dinge gesagt und getan, die mir im Nachhinein leidtun. Noch heute werde ich von ihrem Verhalten leicht getriggert. Unser Verhältnis hat sich in den letzten Jahren trotzdem merklich verbessert, und ich beziehungsweise wir werden nicht aufhören, daran zu arbeiten. Ich liebe meine Mutter schließlich.

Mein Stiefvater Mike und ich haben uns inzwischen ebenfalls ausgesöhnt. Ohne dass er davon gewusst hätte, hat er sich während der Arbeiten an diesem Buch für die Misshandlungen bei meiner Mutter und mir entschuldigt. Vor einigen Jahren, nach dem Versuch eines erweiterten Suizids, wurde bei ihm eine bipolare Störung diagnostiziert. Seitdem ist er gut auf Medikamente eingestellt, die sein eigentliches Ich nun wieder dauerhaft zum Vorschein bringen. Mike arbeitet hart an sich. Er hofft auf Vergebung, erwartet diese aber nicht. Diese Reue bringt meine Kindheit zwar nicht wieder zurück, aber ich bin froh, dass er diesen Schritt auf mich zugegangen ist, und ich habe großen Respekt davor. Wer wäre ich, für die Akzeptanz von seelischen Störungen zu werben, wenn ich vor diesem Hintergrund keine Vergebung in meinem Herzen fände? Seine Worte sind noch sehr frisch in meinem Kopf, aber ich hoffe, dass ich nun auf einem Weg bin, einen Haken an einige Vorfälle aus meiner Kindheit und Jugend machen zu können.

Verlustängste spielen eine große Rolle bei vielen positiven Dingen in meinem Leben. Sie sind eine Art Spielverderber für mich. Ein bösartiger kleiner Wicht, der mich beobachtet und mir in den falschesten Momenten in mein Ohr flüstert: »Das ist ja schön und gut, aber Du weißt schon, dass das alles wieder vergehen wird?« Es ist absurd, denn ich bin ein Mensch, der stark im Hier und Jetzt lebt, aber meine Empfindungen werden trotzdem stets durch Verlustängste beeinträchtigt. Das widerspricht sich irgendwie, denn Ängste sind ja in die Zukunft gerichtet. Das gilt für die verschiedensten Lebenslagen. Besonders Glück in der Liebe oder beruflicher Erfolg werden von der ersten Sekunde an mit dem unguten Gefühl begleitet, dass ich diesen Zustand intensiver Zufriedenheit bald wieder verlieren könnte.

Der Ursprung dieser Ängste lässt sich bis zu dem Freitod meines Vaters zurückverfolgen, der eine Kettenreaktion von Ereignissen auslöste, die bis heute Bestand hat. Der Butterfly-Effekt lässt grüßen! Der wiederholte Verlust meiner Heimat, die zahlreichen Schulwechsel, der Verlust oder das Fehlen meiner Bezugspersonen, und schließlich der Tod meiner einzigen Konstante Ramona haben ihre Spuren hinterlassen. Durch meine Krebserkrankung habe ich außerdem das höchste Gut, das ein Mensch besitzt, nahezu verloren: meine Gesundheit. Die meisten Leidensgenossen und -genossinnen können in dieser Hinsicht meine Ängste nachvollziehen. Wir denken nicht weit in die Zukunft, sondern immer in Meilensteinen, wie zum Beispiel die Aussicht, das nächste Weihnachtsfest noch zu erleben. Ich hoffe, das klingt nicht vermessen, denn aktuell bin ich vermutlich krebsfrei und leide im Moment mehr unter meiner Autoimmunerkrankung Lupus. Aber diese Gedanken werden wohl viele erkrankte Menschen zeit ihres Lebens nicht wieder los.

Der Verlust von Ramona hat mich besonders nachhaltig geprägt. Ich habe große Probleme, mich Menschen gänzlich zu öffnen. Mit Ivonne, Nina oder auch Franzi habe ich gute Freundinnen gefunden, aber über die Jahre kamen und gingen viele dieser Bekanntschaften, was sich zum Teil gewiss mit meinem mangelnden Commitment erklären lässt. Ich erkenne ein ums andere Mal, dass es schlicht unmöglich ist, eine neue

Schwester im Geiste zu finden, wie ich sie in Ramona hatte. Was wir gemeinsam seit frühester Kindheit erlebt hatten und was uns bis zu ihrem Tode zusammengeschweißt und verbunden hat, lässt sich nun einmal nicht wiederholen, so sehr ich es mir auch wünsche. Außerdem ist da immer wieder diese Angst, dass ich jemanden, den ich zu nah an mich heranlasse, auch wieder verlieren könnte, und vor meinem geistigen Auge umklammere ich das Telefon, das ich hielt, als meine Mutter mir die Nachricht von Ramonas Tod überbrachte. Immerhin, ein Stück von ihr ist mir geblieben. Ich habe regelmäßig Kontakt zu Renate, Dissira und insbesondere Jasmine, die fast wie eine Tochter für mich ist. Bin ich in den USA, verbringen wir immer viel Zeit zusammen, und auch sonst schreiben wir viel miteinander, und sie teilt vertrauensvoll Details ihres Lebens mit mir, was mir ein unheimlich gutes Gefühl gibt.

Meine Verluste lassen sich aber auch positiv nutzen. Durch die permanente Angst vor dem Verlassenwerden ist für mich nichts selbstverständlich, und ich weiß viele Dinge zu schätzen, über die normale oder gesunde Menschen vielleicht achtlos hinwegsehen. Diese dankbare Perspektive auf das eigene Leben oder die Welt, die einen umgibt, wünsche ich jedem Menschen. Für mich selbst wünsche ich mir, dass ich lernen kann, einige Dinge ohne meinen omnipräsenten Spielverderber zu genießen, und dass ich mir ein Stück der Unbeschwertheit zurückholen kann, die mir schon so früh genommen wurde.

Selbstverletzendes Verhalten

Kapitel 6

6.1 Die Gegenwart

Der Spätsommer 2020 wird den meisten Menschen sicher als eine Phase in diesem von der Pandemie bestimmten Jahr in Erinnerung bleiben, in der wir etwas durchatmen konnten. Die Infektionszahlen stagnieren, man kann sich viel draußen aufhalten, und selbst ich traue mich wieder, Besuche im Nagelstudio oder beim Friseur wahrzunehmen. Auf unserer Terrasse empfangen wir seit Langem sogar Gäste. Mit der Lichterkette über unseren Köpfen und dem Grillgeruch in der Nase kehrt ein wenig Normalität zurück. Ins Haus lasse ich noch immer nur sehr ungern Menschen, und wenn, dann nur mit Maske, aber immerhin können wir ohne großes Risiko wieder ein paar soziale Kontakte pflegen. Einer dieser sozialen Kontakte ist auch der Realisator von »Voller Leben«. Wir haben ein produktives, mehrstündiges Gespräch auf meiner Veranda und planen hauptsächlich ein neues Format, das wir alsbald einem Sender vorstellen möchten. Zu diesem Zweck wollen wir aus eigener Tasche einen Drehtag finanzieren, um etwas direkt Vorzeigbares für einen Pitch zu haben. Gut gelaunt und voller Tatendrang gehen wir an diesem Tag auseinander.

Zwei Wochen lang höre ich anschließend nichts von ihm, und ich frage ihn per WhatsApp, ob mit ihm alles in Ordnung ist. In seiner Antwort bittet er sich noch zwei Tage Zeit aus. Obwohl ich ein weiteres Mal versuche, ihn zu erreichen, höre ich danach nie wieder etwas von ihm. Warum, weiß ich nicht! Ich nehme an, er ist einfach weitergezogen, weil sich eine andere lukrative Möglichkeit für ihn aufgetan hat oder ein anderer interessanter Mensch aufgetaucht ist. Menschlich bin ich zutiefst enttäuscht. Er war von Beginn an so etwas wie ein Mentor und irgendwann auch ein Freund für mich geworden, dessen Arbeit ich nach wie vor sehr schätze. Es gab viele tiefgründige Interviews vor der Kamera, aber auch hinter den Kulissen besuchten wir zum Beispiel viele Schützlinge gemeinsam, um aus ihnen Protagonisten für unsere Serie auszuwählen. Für mich fühlt es sich so an, als sei all das nun vergessen und war vielleicht sowieso zu keinem Zeitpunkt wichtig gewesen. Meine bereits angesprochenen Existenzängste werden von dieser Erkenntnis umso mehr befeuert, von denen er wusste und für die er angeblich auch Verständnis hatte. Wieder fühle ich mich wie eine gemolkene Cashcow, die nun wertlos geworden ist und entsorgt werden kann. Wieder einmal wurde mein Vertrauen enttäuscht, und meine Verlustängste bekommen neues Futter.

»Voller Leben« wartet indes weiterhin darauf, ausgestrahlt zu werden. Immerhin hat diese Serie die Chance auf eine weitere Staffel – gute Quoten vorausgesetzt. Einen Sendetermin gibt es aber noch immer nicht. In der ersten Septemberwoche werde ich auf den Beitrag einer Followerin meiner »Myriam von M«-Facebook-Seite aufmerksam. Sie freut sich offensichtlich darauf, die neue Staffel endlich zu sehen, und weist auf Samstag, den 12.09. um 22:15 Uhr hin. BITTE WAS?! Eine schnelle Recherche des TV-Programms bestätigt ihren Kommentar. Ich bin völlig schockiert. Niemand hat mich in Kenntnis gesetzt.

Normalerweise fange ich vier Wochen vor der ersten Folge an, Werbung für meine Serie zu machen, damit möglichst viele meiner Follower davon erfahren und so die Möglichkeit haben, sich die Sendung auch anzusehen. Außerdem veranstalte ich nach jeder Folge einen einstündigen Live-Video-Chat, in dem wir die Folge noch einmal Revue passieren lassen und ich Fragen beantworte. Es ist dieser persönliche Kontakt, auf den nicht nur ich, sondern ebenso die Marketing-Abteilung des Senders stets viel Wert gelegt haben. Er trägt dazu bei, die Sendung weiter von dem generischen Reality-TV-Einheitsbrei abzuheben. Aus den vier Wochen Vorlauf ist nun eine kümmerliche Woche geworden, und den Live-Chat muss ich deshalb VOR der Sendung abhalten, da die vier Folgen in Form von zwei Doppelfolgen auf dem viel zu späten Sendeplatz von 22:15 Uhr regelrecht verramscht werden. Aussicht auf gute Quoten gibt es dort aber sowieso nicht. Besonders hart trifft mich das Gefühl, meinen Protagonisten nicht gerecht geworden zu sein. Ich wollte ihnen ein Forum bieten, über ihre Krankheit, aber vor allem über ihr Leben zu erzählen und von der Welt gesehen zu werden. Jetzt mache ich mir Sorgen, dass die Sendung so spät läuft, dass sie diese teilweise nicht einmal sehen können. Tatsächlich werde ich auf Facebook mit dem Vorwurf angegriffen, dass ich meine Schützlinge verkauft hätte und mit dieser Staffel nur schnelles Geld verdienen wollte. Darunter ist auch eine persönliche Nachricht einer Freundin von Jule, die ich mir besonders zu Herzen nehme. Neben dem unwürdigen Sendeplatz ist Jule selbst in der neuen Staffel zu kurz gekommen. Wir hatten coronabedingt nicht einmal mehr einen Dreh zusammen, was mir unheimlich leidtut. Die Gefühle, versagt zu haben und wertlos zu sein, kenne ich allzu gut aus meiner Vergangenheit. Sie führen zu Selbsthass, und ich habe nicht nur deswegen aktuell den Drang, mich selbst zu verletzen.

Wie ich später erfahre, hatte der Realisator den Sendetermin zuvor ohne mein Wissen abgesegnet.

Mit ihm habe ich nach wie vor keinerlei Kontakt. Normalerweise besprechen wir den Impact jeder Folge im Nachgang und analysieren gemeinsam die Quoten. Das bleibt diesmal aus. Die Quoten sind es aber ohnehin nicht wert, besprochen zu werden, denn sie sind genauso schlecht, wie man es bei dem Wochentag und der Uhrzeit erwarten konnte. Tom, der für mich zuständige Kontakt bei RTL II, trifft übrigens keine Schuld. Bei der Entscheidung über den Sendeplatz für »Voller Leben« befand er sich noch in seinem Sabbatical, und der Platz wurde ohne sein Wissen vergeben. Es war auch sein Baby, und ich glaube, er ist ebenfalls traurig darüber, über den Outcome.

Da ich ohne große Perspektive dastehe, fasse ich einen vermutlich längst überfälligen Beschluss. Ich brauche ein Management! Von Anfang an habe ich fast alles alleine gemacht, aber es ist ja keine Schande, sich Hilfe zu suchen. Ich schreibe verschiedene Agenturen an, und mit Henning habe ich schnell jemanden gefunden, der einen vertrauenswürdigen Eindruck macht. Neben den Arbeiten an meinem Buch starte ich parallel einen neuen Podcast, den ich »Zwangsgestört« taufe. Der einstündige Talk behandelt kontroverse Themen wie psychische Erkrankungen, Sexualität, Glaube, soziale Medien und vieles mehr und soll dem normalen Bürger eine Stimme geben. Für mich stellt dieser Podcast außerdem einen Grund dar, das Haus zu verlassen und unter strenger Einhaltung aller auferlegten Abstands- und Hygieneregeln die Beiträge in einem in Wiesbaden angemieteten Büro abzuhalten. Mit dem Herbst kehren allerdings auch die erhöhten Infektionszahlen und damit verschärfte Maßnahmen zurück, die in einen weiteren Teillockdown münden. Den Podcast setze ich zwar über Zoom-Meetings fort, aber einen Anlass, nach draußen zu gehen, gibt es nun nicht mehr, sodass sich mein Schlaf- und Wachrhythmus wieder deutlich nach hinten verschiebt, was Benny dazu bewegt, bis auf Weiteres im Kinderzimmer zu schlafen. Irgendwann wird es dann naturgemäß bereits um 16 Uhr dunkel, was meinen Konsum an natürlichem Tageslicht auf ein Minimum reduziert. Die Tage wirken extrem kurz, und ich nutze die Nachtstunden, um zu arbeiten. Regelmäßig denke ich mir: »Es ist schon wieder Freitag.« Die Zeit rennt, und die gefürchtete Leere hält erneut Einzug in meine Seele.

Gerade im Moment merke ich aber verstärkt, dass es nicht nur mir so geht. Die Menschen sind müde und gereizt. Vermehrt machen sie ihrem Unmut über die Situation Luft und gehen auf die Straße. Wissen die nicht, dass sie damit alles nur schlimmer machen? Zweifelsohne habe ich Verständnis für die Existenzängste von Selbstständigen, Künstlern und Gastronomen. Ich bin eine von ihnen, und wir sitzen im selben Boot! Wofür ich allerdings kein Verständnis aufbringen kann, sind Demonstrationen von Verschwörungstheoretikern und ihren Anhängern. Insbesondere die politische Rechte sieht ihre Stunde offensichtlich mal wieder gekommen und findet in Teilen der verunsicherten Bevölkerung den idealen Nährboden, um neue Mitläufer zu rekrutieren. »Querdenker« war für mich mal ein positiv behaftetes Wort, das einen Menschen beschreibt, der Dinge hinterfragt und nicht einfach alles akzeptiert, was ihm vorgegeben wird. Die Auswüchse ihrer wilden Theorien haben allerdings nichts mehr mit gesundem Menschenverstand und natürlicher Skepsis zu tun. Ich sehe ein, dass die sogenannten Leitmedien ihren Teil dazu beigetragen haben und weiter beitragen werden. Zu einseitig ist ihre Berichterstattung, was viele kontroverse Themen angeht. Das ist aber noch lange kein Grund, ein Virus zu leugnen, an dem aktuell weltweit Menschen zu Hunderttausenden sterben, und sich in von Wut und

Hass durchsetzte Fantasiewelten zu flüchten. Meine Meinung dazu trage ich offen vor mir her, und so musste ich mir auf meiner Facebook-Seite schon anhören, dass sich QAnon an mir rächen wird. Diese Aussage empfinde ich als eine Art Ritterschlag, und ich fühle mich in meiner Einstellung dadurch nur bestärkt und bestätigt. Vielen Dank, anonymes Arschloch!

Die Zahl der Trolle ist inzwischen allerdings beileibe unangenehm. Ich bin stolz auf die Community, die sich in den sozialen Medien rund um Myriam von M und Fuck Cancer gebildet hat. Je feindseliger jedoch die Trolle sind, desto aggressiver werden auch die eigentlich vernünftigen Menschen. Die Kommentare unter meinen Posts verkommen aktuell zu hasserfüllten Schlammschlachten, was viele treue Follower abschreckt, sich weiter einzubringen, und wie im gesamten Internet zu einer Schieflage in der Wahrnehmung beiträgt, wie gemäßigte und extreme Menschen in der Bevölkerung verteilt sind. Nur ein Beispiel hierzu ereignet sich an Thanksgiving. Ich bin im Herzen nun einmal Amerikanerin und zelebriere dieses Fest normalerweise im Kreise meiner Familie und Freunde. 2020 ist das leider nicht möglich, aber ich habe mir vorgenommen, das Beste aus der Situation zu machen. Ich habe einen riesigen Truthahn beim Biobauern bestellt. Das Tier hatte ein vergleichsweise gutes Leben und wird nun extra für mich geschlachtet. Ich bereite ein köstliches Essen für Franzi, Benny und mich zu und fahre anschließend noch Mahlzeiten an die Menschen in meiner Umgebung aus, die ich normalerweise eingeladen hätte. Das gibt mir ein gutes Gefühl!

Es ist schon ein seltsamer Gedanke, dass ein Tier extra sein Leben für mich lassen muss, und es schadet nicht, sich dessen bewusst zu werden, statt ein abgepacktes Stück Discounter-Fleisch achtlos zu konsumieren, wobei ich auch das nicht verurteile. Viele Menschen können es sich nicht leisten, ihr Fleisch beim Metzger oder gar beim Biobauern zu beziehen. Ich respektiere die Einstellung jedes Vegetariers oder Veganers, kein Fleisch oder keine tierischen Produkte in Gänze zu essen, erwarte aber zugleich umgekehrt, dass meine Entscheidung, nicht auf Fleisch verzichten zu wollen, ebenso toleriert wird. Ich betrachte den Menschen biologisch als Allesfresser. Auf Facebook mache ich also einen Happy-Thanksgiving-Post und füge ein Bild bei, wie ich den Truthahn zubereite. Mit dem Shitstorm, der daraufhin entsteht, habe ich allerdings nicht gerechnet. Franzi und ich kommen gar nicht mit dem Löschen und Blocken von Kommentaren und Nutzern hinterher. Ja, das ist in gewisser Weise Zensur! Aber ich möchte, dass meine Facebook-Seite ein Ort ist, an dem vernünftig und respektvoll miteinander umgegangen wird. Es gibt schlichtweg bestimmte respektlose und sinnlose Dinge, die ich nicht lesen möchte und von denen ich auch nicht möchte, dass meine Follower sie lesen. Ich toleriere keine persönlichen Diffamierungen und bin weder von der Pharma-Lobby gekauft, noch glaube ich daran, dass Aprikosenkerne Krebs heilen können, und eine Satanistin bin ich auch nicht

Die Bewältigung dieser Art von digitaler Konfrontation ist äußerst anstrengend und trägt weiter dazu bei, dass ich zunehmend dünnhäutiger werde. Menschen, die mir nahestehen, wie meine Mutter, Benny und Franzi, können mich schon mit bloßer Mimik aus dem Gleichgewicht bringen und für Außenstehende überzogene Reaktionen provozieren. Ich bin zurzeit unheimlich leicht zu triggern, sogar von mir selbst und eigentlich belanglosen Kleinigkeiten. Mache ich mir beispielsweise eine Wärmeflasche zurecht, die ich übrigens von Kindesbeinen an »Gusche-Gasche« nenne, und ein Tropfen heißes Wasser spritzt mir bei diesem Vorgang auf die Hand, nehme ich das aktuell nicht hin wie die meisten Menschen. Ich ärgere mich so sehr darüber, dass ich mir ein stumpfes Messer schnappe und wütend auf der Stelle meiner Hand herumkratze. Es ist grotesk, aber danach spüre ich weder die kleine Verbrennung noch die Irritation durch das Kratzen. Es ist nur eine rote Stelle zu sehen. Fällt mir die Fernbedienung für den Fernseher aus der Hand, weil meine Gelenke mal wieder nicht das tun, was mein Gehirn ihnen befiehlt, macht mich das in einigen Momenten so fertig, dass ich mir selbst eine Ohrfeige verpasse. Meine bröckelnde Psyche und mein versagender Körper frustrieren mich über die Maßen, und ich kann Dinge, die mir widerfahren, häufig gar nicht oder zumindest schlechter kompensieren. Benny ist zum Beispiel nie um einen humoristischen Spruch verlegen, und normalerweise kann ich darüber schmunzeln, und idealerweise kontere ich mit einem Spruch meinerseits. Das ist nun mal seine Art, und er ist ein großer Meister kleiner Wortgefechte. Aktuell gibt es aber Tage, da bestätigt mich jede noch so augenzwinkernde Kritik in meinem borderline- und situationsbedingten Selbsthass. Da ich ein Künstler des Versteckens bin, bemerkt er manchmal nicht, dass es gerade vielleicht nicht der richtige Moment ist, um den Zyniker heraushängen zu lassen, und meine in seinen Augen überzogenen Reaktionen von Autoaggression und Selbsthass führen nicht selten zu Auseinandersetzungen zwischen uns. Auch Franzi bekommt derartige Ausbrüche immer wieder zu spüren. Es ist ja nur verständlich und menschlich, dass viele Menschen in diesem coronageprägten Jahr frustriert und übellaunig sind. Habe ich aber einen vergleichsweise guten Tag erwischt und sehe Franzi, wie sie niedergeschlagen in den Seilen hängt, triggert mich das ebenfalls, weil es sich für mich so anfühlt, als sei mir einfach kein guter Tag vergönnt.

Ich habe brutale Angst davor, elementare Dinge zu verlieren: Gesundheit, Liebe, sichere Existenz. Die Erfahrung lehrt mich, dass mir früher oder später alles immer wieder genommen wird. Gedanken an Selbstverletzung, die ich seit den Anfangszeiten meiner Beziehung mit Benny nicht mehr hatte, kommen aktuell wieder zutage, und ein schrecklicher Zwangsgedanke lässt mich nicht mehr los: Ich stelle mir den Gesichtsausdruck meines Gegenübers vor, wenn ich mir die Kehle durchschneide. Es ist ein hilfloser Gedanke, bei dem ich vor allem eines empfinde: Vielleicht begreifen die Menschen dann endlich, wie ich mich wirklich fühle, wenn sie hinter meine Fassade blicken.

6.2 Die Vergangenheit

Ich erinnere mich nicht mehr, wann oder unter welchen Umständen ich mich das allererste Mal bewusst selbst verletzt habe. Wenn ich in mir forsche, erhalte ich einzig und allein das Gefühl, das ich daraus extrahieren konnte. Da gab es zunächst keinen Schmerz, sondern nur das wohlige Gefühl von extremer Erleichterung oder gar Erlösung. An zwei Schlüsselerlebnisse, die zeitlich nicht einmal weit auseinanderliegen, habe ich hingegen detaillierte Erinnerungen.

Wir befinden uns im Jahr 2006. Hinter mir liegen die Behandlungen nach meiner ersten Krebsdiagnose und die Trennung von meinem ersten Mann. Mein guter Freund Jesse und ich hatten damals geheiratet, aber auch diese Ehe sollte nur eine kurze Halbwertszeit haben. Doch mit Sascha hatte ich bereits einen neuen Mann in meinem Leben. Sascha war fast zwei Meter groß, trug einen Vollbart, den er intensivst pflegte und den er in der Spitze zusammenband und mit Perlen verzierte.

Die Haare hatte er entweder zu einem Dutt oder Neudeutsch »Man Bun« zusammengebunden, oder er trug eine Baseball-Mütze. Er stand auf Metalcore und hatte zu seinen diversen Band-T-Shirts immer Schweißbänder an den Handgelenken, und Ketten hingen an seiner Hose. Er lebte diese Subkultur!

Meine Oma war bereits tot, und trotzdem wohnte ich seit einem halben Jahr übergangsweise in ihrem Haus bei meiner Tante in Lorsbach. An jenem Tag war ich allerdings auf dem Sprung in meine neue, eigene Wohnung nach Flörsheim in derselben Straße, in der auch meine Mutter lebte. Das war kein Zufall, denn ich zog in die Erdgeschosswohnung ihres damaligen Freundes Karsten, der den ersten Stock bewohnte und mit meiner Mutter und Sascha bei meinem Umzug half. Wir waren gerade dabei, die im Keller eingelagerten Möbel für Dorians Kinderzimmer in Karstens Transporter zu tragen, als die Situation zwischen meiner Mutter und mir mal wieder hochkochte. Das Streitobjekt war ein alter Spielteppich, auf dem eine bunte Stadt mit einigen Straßen und Häusern gedruckt war. Das ranzige Ding war in die Jahre gekommen, und ich wollte es nicht mehr. Meine Mutter schien meine Entscheidung allerdings nicht zu respektieren, den Teppich in den wohlverdienten Ruhestand zu entlassen. »Nimm doch den Teppich, der ist doch noch gut«, sagte sie etwa ein halbes Dutzend Mal. »Ich möchte den Teppich nicht mehr«, entgegnete ich ihr, aber mit jedem Mal schwand meine Geduld, während meine Aggression wuchs. Als Sascha, der die Diskussion nicht mitbekommen hatte, zurück in den Keller kam, um das nächste Möbelstück nach oben zu tragen, händigte meine Mutter ihm den Spielteppich aus. Das war zu viel! »ICH WILL DEN SCHEISS TEPPICH NICHT!«, schrie ich Sascha aus vollem Hals an, der den Teppich daraufhin wutentbrannt durch den Raum schmiss und zurückschrie. Ich sah mich diesen Ereignissen völlig hilflos gegenüber und fühlte mich wie ein Zuschauer in meiner eigenen, schlechten Sitcom. Es fehlte nur noch, dass Karsten in die Szene hineinstolpert und jemand im Hintergrund ein Tonband mit generischem Gelächter abspielt. Ich glaube, fast jeder Mensch kennt das Gefühl, wenn Wut in einem hochsteigt und man einfach laut schreien möchte, oder sogar anfängt, ein Kissen zu boxen. Mein Kissen war allerdings eine stählerne Feuerschutztür. »Myriam, hör auf damit!«, mahnte meine Mutter entsetzt, was mich nur anspornte, nun mit voller Kraft und ohne Rücksicht auf eventuelle Folgen mit der Faust die Knöchel voran gegen die Tür zu boxen. Ich schlug auf die unbeeindruckte Stahltür ein, bis meine Hand geschwollen und blutig war, und vermutlich hätte ich bis zur totalen Erschöpfung so weitergemacht, denn ich spürte keinen Schmerz. Sascha aber riss mich weg von der Tür und hielt mich fest im Bärengriff, während ich aus Leibeskräften schrie. Karsten, der nun (ohne zu stolpern) den Keller betrat, konnte die Situation beruhigen. Er ordnete an, dass meine Mutter mich in die Notaufnahme bringen sollte. Sascha und er würden den Umzug schon alleine regeln. Auf der Fahrt ins Krankenhaus weinte ich unaufhörlich und fühlte eine tiefe Erschöpfung.

Im Hofheimer Krankenhaus angekommen, wollte ich mich in der Notaufnahme anmelden, doch meine Mutter fiel mir ins Wort. »Guten Tag! Meine Tochter ist hingefallen und hat sich dabei an der Hand verletzt«, hörte ich sie sagen und registrierte den skeptischen Blick der Krankenschwester. »Bist Du bescheuert?«, fuhr ich meine Mutter an. »Ich habe auf eine scheiß Stahltür eingedroschen, aber meiner Mutter ist das wohl peinlich«, präzisierte ich den Grund meines Erscheinens gegenüber der Krankenschwester. »Das sieht auch nicht wie die Verletzung durch einen Sturz aus«, entgegnete die Krankenschwester und deutete nickend auf den blutigen Klumpen am Ende meines Arms, während sie mit geneigtem Kopf über ihre Brille hinwegblickte. Die Röntgenuntersuchung offenbarte zwei gebrochene Knöchel und den Bruch des Mittelhandknochens. Ich hatte die Wahl zwischen einer Operation und einer konservativen Behandlung. Ich entschied mich für die zweite Option, woraufhin meine Hand und mein gesamter Unterarm eingegipst wurden. Meine Finger wurden dabei im 90-Grad-Winkel fixiert, und für sechs Wochen war ich auf die äußerst begrenzten motorischen Fähigkeiten meiner linken Hand angewiesen. Eine besondere Herausforderung stellte in dieser Zeit das tägliche Nachmalen meiner Augenbrauen dar. Durch die Behandlungen nach meiner Krebsdiagnose waren mir meine echten Augenbrauen ausgefallen und nicht wieder zurückgekehrt. Damals hatte ich auch noch kein Permanent-Make-up, also zeichnete ich sie jeden Tag nach. Ohne kam ich mir krank vor, und ich wollte nicht, dass man mich so sieht. Nicht einmal Sascha kannte mich bis dahin ohne, denn ich stand jeden Morgen vor ihm auf, wenn wir die Nacht zusammen verbracht hatten, und begab mich ins Bad, um mit etwas schwarzer Farbe die Illusion von Gesundheit und Normalität wiederherzustellen. Dieser Prozess bedarf einer gewissen Präzision, die ich mit meiner linken Hand unmöglich leisten konnte, und während ich so verzweifelt vor dem Spiegel stand, schlich sich tatsächlich Reue für meinen Ausraster ein. Auch Sascha, der sich anbot, die Augenbrauen einzuzeichnen, konnte den Vorgang nicht zu meiner Zufriedenheit durchführen, sodass wir eine Schablone bastelten, was nicht ideal war, aber immerhin halbwegs funktionierte. Vier der sechs Wochen erfuhr ich glücklicherweise Ablenkung, da ich im Rahmen meines Psychologie-Studiums ein Praktikum absolvierte, das mich mit fünf anderen Betreuern und 60 verhaltensauffälligen Kindern und Jugendlichen in ein Selbstversorgerhaus nach Laboe in Schleswig-Holstein führte. Das war zwar unheimlich anstrengend, aber auch eine bereichernde Erfahrung, die ich nicht missen möchte. Besonders in Erinnerung blieb mir der dreizehnjährige Marcel, der gerne von mir adoptiert werden wollte, da er von zu Hause nur Streit und Gewalt kannte und in mir offenbar jemanden gefunden hatte, dem er vertrauen konnte. Wie gut ich den kleinen Mann verstehen konnte …

Bis zu diesem Vorfall während meines Umzugs waren meine selbst zugefügten Verletzungen kontrolliert abgelaufen. Schon seit einiger Zeit schnitt ich mich selbst, wenngleich ich das nie vor anderen Menschen tat. Ich schnitt meine Arme und irgendwann auch meine Beine mit einer großen sterilen Braunüle, wie man sie sonst für Pferde benutzt. Ich versorgte die Wunden anschließend und gab mir große Mühe, diese und die zurückbleibenden Narben zu verbergen. In meiner Beziehung mit Sascha wurde mein Verhalten indes immer extremer. Ich war sehr aggressiv und gleichzeitig sehr anhänglich und fixiert auf ihn. Das war nicht seine Schuld. Er war zwar ebenfalls ein impulsiver Typ, aber prinzipiell ein guter Kerl, und hat das verhältnismäßig lange so mitgemacht. In unsere Zeit fiel mit dem Gebärmutterhalskrebs auch meine zweite Krebsdiagnose. Ich war weit davon entfernt, die erste Diagnose und ihre Auswirkungen und Behandlungen verarbeitet zu haben. Sascha war damit sichtlich überfordert, und meine Verlustängste schlugen Alarm. Vorfälle wie am Hofheimer Wäldchestag 2007 trugen dann nicht gerade dazu bei, unsere Beziehung zu festigen. Ich trank damals viel Alkohol mit dem Ziel, mich zu betäuben, und meine Erinnerungen sind verschwommen. Hauptsächlich aus Erzählungen weiß ich, dass ich in Saschas aufgemotztem Golf 2 saß und bei heruntergekurbelter Scheibe von einer älteren Frau getröstet wurde, während ich schrie: »ICH WERDE STERBEN, WEIL ICH KREBS HABE.« Ich steigerte mich in einen regelrechten Heulkrampf und trat wohl mit meinen

Doc Martens mit voller Wucht gegen die Windschutzscheibe, die daraufhin an dieser Stelle aufplatzte und von der Sicherheitsfolie zusammengehalten wie ein großes dichtes Spinnennetz aussah. Meine konkreten Erinnerungen setzen erst wieder ein, als ich am nächsten Tag mit einem furchtbaren Kater wieder zu mir kam. Sascha war vor dem Haus, und ich ging zu ihm, als mir der Zustand seines Autos auffiel. »Holy shit, jemand hat ja Deine Scheibe eingeschlagen«, sagte ich schockiert. »Du kannst Dich ernsthaft nicht daran erinnern, dass Du das warst?«, antwortete Sascha ungläubig. Ich schämte mich, und mir tat es ausgesprochen leid, was ich angerichtet hatte. Wir hatten beide nicht viel Geld, und bis ich eine neue Scheibe bezahlen konnte, wurde die beschädigte provisorisch mit Gaffer-Tape zusammengehalten. Ich spürte, wie Sascha sich zunehmend von mir entfernte, und meine Gegenmaßnahmen verschlimmerten die Lage nur. Ich war eifersüchtig und besitzergreifend und gab Suiziddrohungen von mir, während ich mich immer häufiger schnitt, um mir kurzfristige Erleichterung zu verschaffen.

Eines Abends eskalierte die Situation. Es war bis dahin eigentlich ein ruhiger Tag gewesen. Wir hatten uns etwas zu essen bestellt und eine DVD eingelegt. Plötzlich stand Sascha wortlos auf, nahm seinen großen Bundeswehrrucksack, ging ins Schlafzimmer und begann zu packen. Ich war völlig perplex und fragte ihn, was er da machte. »Ich kann das nicht mehr aushalten. Ich denke schon seit Tagen darüber nach. Ich muss gehen«, sagte Sascha, ohne mich anzusehen, während er seine Habseligkeiten in den Rucksack stopfte. »Wenn ich bleibe, dann gehen wir beide unter«, fügte er traurig hinzu und beteuerte: »Ich werde Dich nicht im Stich lassen, aber dieses Konstrukt einer Beziehung funktioniert einfach nicht.« Ich heulte, ich flehte, ich klammerte, ich bettelte. Doch es half nicht, er schien mich nicht zu verstehen. Also drohte ich mich zu verletzen, aber das schien ihn nur noch weiter wegzustoßen. Ich empfand, dass ihm offensichtlich nicht bewusst war, welchen Schmerz er damit in mir auslöste. Durch die aufkommende Verzweiflung und Hilflosigkeit kam Panik in mir auf, und ich rannte mit den Worten »Du wirst schon sehen, was Du davon hast!« in die Küche. Aus dem Messerblock griff ich mir ein Steakmesser, stürmte zurück zu Sascha, der – bereit zu gehen – inzwischen im Wohnzimmer stand, und schnitt mir leicht in den Unterarm. »WARUM TUST DU DAS? SIEHST DU NICHT, WIE SEHR DU MIR WEHTUST?«, schrie ich ihn an und schnitt dabei ein zweites Mal, diesmal allerdings tiefer in den Unterarm, knapp unterhalb meiner Armbeuge. Eigentlich ist »schneiden« der falsche Ausdruck. Das Steakmesser war gezackt und riss das Fleisch regelrecht auf. Ein Schwall Blut schoss unvermittelt aus der geöffneten Arterie und verwandelte damit schlagartig eine melodramatische Szene aus »Romeo und Julia« in den ikonischen Moment aus »Evil Dead«, in dem Ash seine vom Bösen besessene Hand mit einer Kettensäge abtrennt und dabei literweise Kunstblut ins Gesicht gespritzt bekommt – nur dass mein Blut echt war und es keinen Grund zur Glorifizierung gab! Ich erschreckte mich, und Grauen erfüllte mein Gesicht, denn das hatte ich so natürlich nicht gewollt. Das Messer ließ ich scheppernd zu Boden fallen und griff mir an den Arm. Das Blut schoss mir in Intervallen gepumpt, analog zu meinem Herzschlag, weiter zwischen den Fingern hervor. Sascha starrte mich voller Entsetzen an, und ihm wich alle Farbe aus dem Gesicht. Ich trug an diesem Tag wie so häufig ein Kopftuch im Rockabilly-Stil, um den Übergang zwischen meinem Haar und einem Haarteil zu kaschieren, das zum Pferdeschwanz gebunden aus dem Kopftuch ragte. Dieses schnappte ich mir geistesgegenwärtig, und Sascha half mir, es fest um den Arm zu binden. Bei diesem Vorgang konnte ich bis auf den Knochen sehen und jedes Detail wahrnehmen. Muskel, Sehnen und Fettgewebe waren klar erkennbar. Für mich spielte sich alles in Zeitlupe ab, und diese Schreckensbilder brannten sich tief in meinen Verstand. Es gelang uns, die Arterie abzudrücken, was die Blutung zumindest etwas linderte. Es war inzwischen 1:30 Uhr, und ich rannte in den ersten Stock, während ich das Treppenhaus vollblutete. Ich klingelte Sturm bei Karsten, der verschlafen die Tür öffnete und nun die blutüberströmte Myriam vor sich hatte. Ich muss ausgesehen haben wie »Carrie« in Steven Kings legendärem Horrorfilm, nachdem ihr der Eimer mit Schweineblut über den Kopf gekippt worden war. Wegen des Blutverlustes zitterte ich am ganzen Körper. »Mensch, Mädchen, was hast Du jetzt schon wieder angestellt?«, sagte er kopfschüttelnd in seinem typisch nüchternen Tonfall. Karsten war aber jemand, der sich kümmerte und die Sachen anpackte. Er äußerte ein paar klar formulierte Kommandos in Richtung Sascha, und wenig später fand ich mich auf der Rückbank von Karstens Auto wieder, während Sascha auf dem Beifahrersitz Platz nahm. Auf der Fahrt in das Rüsselsheimer Krankenhaus redete Karsten beruhigend auf mich ein und streichelte mir mit der rechten Hand über mein Bein, während er mit der linken das Lenkrad bediente. In der Notaufnahme angekommen, ging alles sehr schnell. Mit einem HB-Wert von neun benötigte ich gerade so kein fremdes Blut. Immer wieder wiederholte ich gegenüber der Krankenschwester die Worte: »Bitte, ich will nicht in die Klapse.« Sie war glücklicherweise eine überaus verständnisvolle Person. In mir sah sie keine Verrückte, sondern erkannte lediglich eine junge, leidgeprüfte Frau mit vielen Problemen. »Sagen Sie dem behandelnden Arzt eindringlich, dass Sie das nie wieder tun werden«, riet sie mir. Nach einer Einwirkzeit von 30 Minuten der durchgeführten Armplexusanästhesie, bei der gezielt mein linker Arm lahmgelegt wurde, blieb ich bei Bewusstsein, während die Wunde vernäht wurde. Der Arzt war dabei alles andere als freundlich. Er schien keineswegs glücklich darüber, aus dem Bett geschmissen worden zu sein. »Ich will gar nicht wissen, wieso Sie das gemacht haben, aber ich werde das so vernähen, dass Sie das nicht vergessen werden!«, fuhr er mich verärgert an. Ich schaute ihn nicht einmal an, sondern weinte wortlos vor mich hin, als er den Eingriff durchführte.

Als ich frisch operiert mit einem Rollstuhl in den Wartebereich geschoben wurde, wachte das Krankenhaus gerade auf und wurde geschäftiger. Sascha, Karsten und meine Mutter warteten auf mich. An Saschas Vorsatz, unsere Beziehung zu beenden, hatte sich entgegen meinen Hoffnungen nichts geändert. Ich wurde nach Hause gefahren, und Sascha brachte mich immerhin noch zum Kontrolltermin am selben Tag, bevor er schließlich ging. »Krass eigentlich, Du hättest mich ja auch verletzen können«, sagte er noch zu mir. »Das ist also alles, was Du aus dieser Geschichte mitnimmst«, dachte ich still bei mir und ließ ihn ziehen. Zurück blieb aber eine wichtige Erkenntnis: Die Angst vor mir selbst. Ich dachte, wenn ich mir jetzt keine Hilfe suche, dann ende ich zwangsläufig wie mein Vater und bringe mich um, obwohl das gar nicht mein Wille ist. Wenn ich in den Spiegel schaute, erkannte ich mich selbst nicht mehr. Aber irgendwo in mir wartete die echte Myriam darauf, ihr Leben weiterzuleben.

Den nächsten Verbandswechsel konnte ich bei Frau Dr. Bauer-Noll durchführen lassen, und wie damals, nach dem Tod meiner Oma, erkannte sie, dass ich Hilfe brauchte, und gab mir den Schubs in die richtige Richtung. Frau Bergmann praktizierte aufgrund ihres Schlaganfalls bedauerlicherweise nicht mehr, also gab sie mir eine Liste mit möglichen Therapeuten, die ich am Tag darauf abtelefonierte. Ich sprach auf viele Anrufbeantworter und schilderte eine Kurzfassung meiner Geschichte. Die Rückmeldungen waren ernüchternd. Entweder gab es keine freien Kapazitäten, oder die Therapeuten nahmen keine Borderliner auf. Erst mit dem allerletzten Kandidaten auf der Liste hatte ich Glück. Zu meinem Erstaunen meldete sich nämlich kein Mann zurück, sondern mit Ulrike Braun eine Frau, die gerade erst die Praxis übernommen hatte, weshalb es noch Platz für mich gab. Sie hatte außerdem bereits zuvor mit Borderlinern gearbeitet und war bereit, die Herausforderung anzunehmen. Ich war unheimlich dankbar und vor allem erleichtert, dass jemand die Chance sah, mir zu helfen. Ich hatte zwar Angst, verspürte aber in erster Linie eine Aufbruchstimmung.

Natürlich wurde es zunächst schlimmer, bevor es besser werden konnte. Ich schnitt mich mehrmals die Woche, und als mir der Platz auf den Armen und Beinen ausging, machte ich einfach auf dem Bauch weiter. Meine Selbstverletzung äußerte sich aber auch in riskantem Autofahren oder in der Suche von Streit in Clubs, während ich dabei bewusst in Kauf nahm, mich zu prügeln. Ich bekam Medikamente verschrieben, die vier Wochen lang Einschleichsymptome wie Tremor, Albträume und Wahrnehmungsstörungen mit sich brachten. Dann aber kehrte langsam Ruhe ein, und ich wurde empfänglich für die Therapie. Es dauerte fast zwei Jahre, bis ich mich nicht mehr selbst verletzte, und der Weg dahin war hart und voller Rückschläge. Sascha konnte ich indes nicht loslassen, und ich versuchte ihn zurückzugewinnen. Zu meinem 30. Geburtstag, den ich groß aufzog und auf dem auch einige Live-Bands spielten, lockte ich ihn mit der Bitte an, dass er für den Abend den DJ geben sollte, denn ich wusste, dass er das gerne machte. Er erschien zwar und übernahm diese Aufgabe, aber ein Paar wurde aus uns nicht mehr.

6.3 Was bleibt

Neben einer fetten und vielen kleinen Narben ist vor allem die Angst geblieben, irgendwann doch wieder in alte Muster zu verfallen. Dabei habe ich eigentlich nie wirklich aufgehört, mich zu verletzen, ich habe nur andere Möglichkeiten gefunden, diesem Drang nachzugeben. Über viele Jahre habe ich zahllose Tätowierungen meinen Körper verzieren lassen, wenn es mir schlecht ging. Damit konnte ich alte Narben bedecken und in einer kontrollierten Umgebung meinem Drang nachgeben, wobei das Schneiden außerhalb der beschriebenen Schlüsselerlebnisse durchaus kontrolliert stattfand. Man darf sich das nicht so vorstellen, dass ich jeden Tag heulend auf dem Fußboden saß und an mir herumgemetzelt habe. Vielmehr habe ich Rituale daraus gemacht und jedes einzelne Mal alleine für mich zelebriert. Ich legte Musik auf, schenkte mir ein Glas Rotwein ein und genoss es, wenn die Braunüle meine Haut aufschnitt, aber nur oberflächlich verletzte. Anschließend versorgte ich die entstandene Wunde stets professionell. Ich wusste, was ich tat, was auch an meiner Ausbildung als Piercerin lag. Wenngleich ich meine Verletzungen in Grenzen halten konnte und keine Entzündungen oder bleibende Schäden davontrug, handelte es sich doch um krankhaftes Suchtverhalten, das letztendlich auch in Extremsituationen mündete, da die Hemmschwelle durch meine täglichen Verletzungen schon so weit herabgesetzt worden war. Es hat Jahre gedauert, und dennoch hat mir die Therapie bei Frau Braun sehr geholfen. Insbesondere ihre strengen Regeln, für die ich sie zwischenzeitlich hasste, waren rückblickend ungemein hilfreich für mich. Verletzte ich mich, durfte ich sie 24 Stunden lang nicht kontaktieren, um keine Co-Abhängigkeit entstehen zu lassen. Es klingt etwas peinlich für mich, aber wenn ein Baby schreit und immer sofort aus dem Laufstall genommen und herumgetragen wird, so wird es immer wieder schreien, um genau dieses Ergebnis zu erzielen. Diesem Effekt wollte Frau Braun vorbeugen. Fiel mein nächster Sitzungstermin in dieses Zeitfenster, durfte ich nicht nur die Sitzung nicht wahrnehmen, ich musste Frau Brauns Ausfall obendrein aus eigener Tasche bezahlen, obwohl sie wusste, dass ich chronisch knapp bei Kasse war. Ich erinnere mich gut daran, wie ich ihr sagte, dass ich mich wegen ihr noch umbringen werde. Aber was soll ich sagen? Es hat geholfen!

Mein letztes Tattoo ist inzwischen eine ganze Weile her, und ich habe auch gar keine Lust, weiterzumachen. Wenn ich ehrlich zu mir selbst bin, ist meine Arbeit ein Teil meines selbstverletzenden Verhaltens geworden, aber natürlich noch viel mehr als das. Versuche ich die Gründe für meinen Drang zu analysieren, entdecke ich zwei sehr verschiedene Motivationen, mich verletzen zu wollen. Da ist zunächst die Sehnsucht danach, überhaupt etwas zu fühlen und die Leere in mir für einen Moment zu verbannen. Eines meiner Tattoos gibt eine Textzeile des Liedes »Pain« der Band »Three Days Grace« wieder. Dort heißt es: »I'd rather feel pain than nothing at all« – zu Deutsch etwa: »Ich würde lieber Schmerz spüren als überhaupt nichts.« Das bringt es perfekt auf den Punkt. Gar nichts zu fühlen ist schier unerträglich, und es ist eine Erlösung, wenn diese Leere durch ein Gefühl ersetzt wird, selbst wenn es sich um Schmerz handelt. Der zweite Grund ist die Hilflosigkeit, die ich spüre, wenn man mir nicht zuhört, mich nicht versteht, oder, noch viel schlimmer, mich nicht ernst nimmt. Ich glaube, dieses Gefühl können die meisten »normalen« Menschen wenigstens in Ansätzen nachvollziehen. Durch meine Borderline-Erkrankung kann ich meine Emotionen in solchen Momenten allerdings nur schwer kontrollieren. Es ist mein tiefer Wille, meinem Gegenüber meinen Schmerz zu visualisieren, sodass er versteht, was gerade in mir vorgeht, und mit einer sichtbaren, offensichtlichen Verletzung ist mir das möglich. Der Preis, den ich dafür zahlen muss, kann aber eben verdammt hoch sein. Die Selbstverletzungsrate bei Borderline-Patienten beträgt bis zu 80 %, und bis zu 10 % sterben an ihren Suizidversuchen.

BORDERLINE

Kapitel 7

7.1 Die Gegenwart

Eigentlich freue ich mich jedes Jahr auf die Weihnachtszeit, aber dieses Jahr ist alles schwierig. Wir befinden uns mal wieder im Lockdown, was ich prinzipiell begrüße, aber für viel zu spät halte. Die Infektions- und Todeszahlen sind inzwischen auf einem Rekordhoch, und der Vorsprung, den Deutschland im internationalen Vergleich innehatte, ist längst verspielt. Dabei enthalten die letzten Wochen eines scheidenden Jahres wichtige Rituale und Meilensteine für mich, die ich dieses Jahr nicht wahrnehmen kann – Rituale und Strukturen, die mir helfen, meine Borderline-Symptome im Zaum zu halten. Mit Menschenmengen komme ich zwar überhaupt nicht klar, aber wenn die Weihnachtsmärkte öffnen, bin ich trotzdem direkt am Start. Indem ich unter der Woche vormittags hingehe, vermeide ich den größten Trubel. Ich liebe die Stimmung, die Lichter und den Geruch von Glühwein, Gebäck und Kartoffelpuffern, während ich an den Buden mit handgemachten Dingen nach kleinen Kostbarkeiten und weiteren Geschenken für meine Liebsten stöbere und mich jedes Jahr mit leckeren Bärentatzen-Plätzchen an meinem Lieblingsstand eindecke.

Darauf müssen ich und alle anderen Menschen dieses Jahr verzichten. Für mich haben Weihnachtsmärkte, insbesondere aber der Wiesbadener Sternschnuppenmarkt eine Bedeutung. Nach meiner ersten Krebsdiagnose sagte mir mein damaliger Arzt: »Feiern Sie erst noch mal schön Weihnachten, bevor wir dann im neuen Jahr mit der Operation und Behandlung loslegen.« Damals stand ich inmitten der vielen Menschen, was zu der Zeit noch kein Problem für mich war, und heulte Rotz und Wasser, weil ich bei mir dachte, »all das werde ich nie wieder erleben«. Wie wir wissen, kam es glücklicherweise anders, aber auch aus diesem Grund schätze ich die Weihnachtszeit sehr und nehme sie intensiv wahr. Ein Teil von mir möchte vermutlich auch ein Stück verlorene Kindheit neu erleben. Ich wünsche mir einfach ein Stück Naivität und Unbeschwertheit zurück, und Weihnachten erlaubt mir zumindest einen kleinen Exkurs in diese Gedankenwelt.

Häufig flüchte ich nach den ersten Weihnachtsmärkten vor den kalten Temperaturen in meine geliebte Heimat, was dieses Jahr ebenfalls ausfällt. Ich stehe auf den amerikanischen Weihnachtskitsch, der nach deutschem Geschmack sicherlich etwas »drüber« ist. Und nach einem harten Arbeitsjahr ist ein Aufenthalt in Kalifornien genau das, was ich brauche. Ramona hat zudem am siebten Dezember Geburtstag, und wenn es mir möglich ist, gehe ich an diesem Tag in ihrer Lieblingsrestaurantkette »Olive Garden« essen und gedenke ihrer. Bin ich an ihrem Geburtstag in Deutschland, besuche ich wenigstens den Mainzer Dom und zünde eine Kerze für sie an, aber nicht einmal das ist aktuell möglich. Ich versuche mein Bestes, um mich bei mir zu Hause in eine feierliche Stimmung zu bringen, und stelle hier eine Kerze auf, doch im Grunde genommen ist es nicht das Gleiche. Kerzenlicht flackert hier schließlich jeden Tag, und irgendwie fehlt meinem Ritual das Besondere. Immerhin: Renate, Jasmine und Dessira rufen mich während ihres Aufenthalts im »Olive Garden« per Video an und lassen mich ein wenig teilhaben. Sogar Ramonas Urne ist mit am Tisch, was in Deutschland undenkbar wäre, ich aber total angemessen und feierlich finde. Es ist außerdem keine Urne im klassischen Sinn, sondern ein schönes Bild von Ramona mit einem besonders dicken und tiefen Holzrahmen, in dem sich ihre Asche befindet. Es hilft, dass ich zumindest virtuell an dem Essen teilnehmen kann, doch mit der Nichterfüllung von Ritualen geht in meinem Kopf immer ein beklemmendes Gefühl einher. Es gehört zu meinem zwanghaften Verhalten, mich nicht gegen das Gefühl wehren zu können, dass etwas Schlimmes, Undefiniertes passieren wird, wenn ich ein Ritual nicht erfülle. Also brauche ich mal wieder ein neues Projekt, um mich abzulenken!

Um mir ein Stück Weihnachtsmarkt und Amerika nach Hause zu holen, gebe ich dieses Jahr Vollgas bei der Dekoration meines Hauses und krame alles aus dem Keller, was sich über die Jahre an Dekomaterial angesammelt hat. Wer schon einmal »Christmas Vacation« – oder zu Deutsch »Schöne Bescherung« – mit Chevy Chase gesehen hat, der hat eine ungefähre Vorstellung, mit welcher Hingabe ich unser Haus eine Woche lang dekoriere. Ich installiere zwar nicht wie Clark Griswold 25 000 importierte italienische Glühbirnen in Reihenschaltung auf meinem Dach, bin aber mit solch einem Eifer bei der Sache, dass ich zunächst nicht einmal die Kälteverbrennung auf meinen Oberschenkeln bemerke. In der Einfahrt steht eine festlich geschmückte, drei Meter hohe Nordmanntanne hinter einem aufblasbaren Santa Claus, der auf seinem Schlitten sitzt und zwei Rentiere eingespannt hat. Die Büsche und Zäune sind großzügig mit Lichterketten ausgestattet und zudem mit überdimensionalen, rot leuchtenden Zuckerstangen verziert.

Projektoren werfen winterliche Lichtspiele auf die Häuserwände, und von innen werden Videos von animierten Lebkuchenmännern auf die mit Leinwänden behangenen Fenster projiziert. Auf der Garage befinden sich bunte, aufblasbare Geschenke, und über ihnen thront ein fast drei Meter großer Weihnachtsmann. Nach dem Limburger Dom ist mein Zuhause dieser Tage vermutlich das meistfotografierte Haus der Stadt, und vor allem kleine Kinder bleiben staunend vor dem Haus stehen und betrachten mein Werk. Dabei wird mir richtig warm ums Herz. Gerade in dieser einsamen, traurigen Zeit tut es gut, Kindern Freude zu schenken, denn sie ist authentisch und unverfälscht. Doch es muss immer Menschen geben, denen irgendwas nicht passt. Während ich meine Dekoration weiter verfeinere, spricht mich meine Nachbarin von schräg gegenüber an. »Was machen Sie denn da?«, fragt sie in einem unfreundlichen, etwas fassungslosen Ton, ohne mich überhaupt zu begrüßen. »Ich verwirkliche mir einen Weihnachtstraum«, entgegne ich ihr freudig. »Sieht eher aus wie ein Weihnachtstrauma«, sagt sie kopfschüttelnd. »Ich bin in Amerika aufgewachsen, da ist so etwas ganz normal«, rechtfertige ich mich etwas unbeholfen. Und während sie wieder auf ihrem Grundstück verschwindet, höre ich sie noch sagen: »So etwas habe ich mir schon gedacht.« Aber mal im Ernst, was ist denn ihr Problem? Dass es ihr nicht gefällt, ist ja in Ordnung, denn das ist schließlich Geschmackssache. Aber ich habe sie nicht um ihre Meinung gebeten, und schließlich entstehen ihr durch meine Dekoration keine Nachteile. Ich verstehe solche Reaktionen nicht! Wer mir auf Facebook folgt, weiß, dass bei mir die wenigen negativen Kommentare oft nachhaltiger hängen bleiben als die zahlreichen positiven, und so hallt in mir auch die Äußerung meiner Nachbarin, mit der ich zuvor nie mehr als ein »Guten Tag« ausgetauscht habe, den ganzen Tag nach. Bei uns Borderlinern wird der innere Selbsthass durch sinnlose und ungerechte Kritik dieser Art gefördert, und das kann ich nicht gebrauchen.

Aufgrund dieser engstirnigen Mentalität, die zurzeit um einiges mehr als normalerweise verbreitet zu sein scheint, mache ich auch keinen Post über meinen Bruder Boris, der seit einiger Zeit an Covid-19 erkrankt ist und deshalb ins Krankenhaus eingeliefert wird. Eigentlich lasse ich meine Community, auf die ich im Übrigen unheimlich stolz bin, gerne an meinem Leben teilhaben und hole mir positive Gedanken, Energie und Gebete. Ich bin mir allerdings sicher, dass diese Nachricht nur einen weiteren Shitstorm auslösen würde. Corona-Leugner und Trolle würden sich das Maul zerreißen und behaupten, ich hätte das alles mal wieder nur erfunden, um mich wichtig zu machen, und außerdem bin ich ja schließlich von der Regierung oder der Pharma-Lobby gekauft – vielleicht sogar von beiden! Das macht mich wütend und traurig, aber vor allem müde. Aktuell artet beinahe jeder noch so harmlose Post in ein Schlachtfeld gegenseitiger Anfeindungen aus, und ich spiele mit dem Gedanken, meine Onlinepräsenz aufzugeben. Boris muss tatsächlich an einem Blutgerinnsel in der Lunge operiert werden. Wieder einmal mache ich mir große Sorgen um ihn, und diesmal kann ich nicht bei ihm sein. Er übersteht die Operation zwar so weit ganz gut, wird aber viel zu früh aus dem Krankenhaus entlassen, weil er keine ausreichende Krankenversicherung besitzt. Auch er gehört mit seiner vergangenen Krebserkrankung und seinem Zigarettenkonsum zur Risikogruppe, und ich erinnere mich an den Beginn dieses schrecklichen Jahres, als ich durch halb Amerika gefahren bin, um ihm beizustehen. Diesmal sind nur meine Gedanken bei ihm!

Eindrücke wie dieser befeuern zurzeit einen wiederkehrenden Albtraum, der sich in verschiedenen Szenarien abspielt, im

Prinzip aber immer den gleichen Inhalt hat. In einem solchen Traum gehe ich beispielsweise in eine Klinik, um Blut zu spenden, da ich dringend Geld brauche, weil meine Existenz zerstört ist. Keiner trägt dort eine Maske oder hält Abstände ein, und sogar ein Arzt, den ich darauf anspreche, weist mich unfreundlich zurecht und empört sich: »Mit einer Maske im Gesicht kann ich mich nicht konzentrieren.« Auch ich werde schließlich gezwungen, die Maske abzulegen, und auf einen Stuhl geschnallt, bevor mir das Blut abgenommen wird. Plötzlich schnellen die automatischen Schiebetüren der Klinik auf, und an die 200 Menschen strömen dicht aneinander gedrängt herein. Keiner von ihnen trägt eine Maske, und alle schreien lauthals vor sich hin. Ich bekomme Panik, befreie mich von meinen Fesseln, stecke meine Nase unter meinen Pullover und versuche nicht zu atmen, während die Meute auf mich zustürmt. Als ich mir die Nadel aus dem Arm reiße, um davonzulaufen, wache ich schweißgebadet auf und schnappe nach Luft und muss erst einmal gegen Panik und Herzrasen ankämpfen, bevor ich irgendwann wieder einschlafe.

Derweil rückt Weihachten immer näher. Ich mag es, beschenkt zu werden, aber noch viel mehr Freude bereitet es mir, selbst zu schenken. Schon die wochenlange Recherche im Vorfeld genieße ich in vollen Zügen. Nach amerikanischer Tradition erhält bei uns jeder nur ein Geschenk an Heiligabend, an dem es typisch deutschen Kartoffelsalat mit Brühwürstchen gibt. Die richtige Bescherung erfolgt am nächsten Tag. Durch Teillockdown, Abstandsregeln und nicht zuletzt natürlich meine Zwänge feiern wir wie viele andere Familien unter erschwerten Bedingungen. Aufgrund meiner Borderline-Erkrankung kann ich keine Überraschungen dulden, vor allem an Tagen, die mir wichtig sind. Also plane ich den Verlauf des ersten Weihnachtsfeiertages minutiös durch. Ich habe neben den Sitzgelegenheiten mit Sicherheitsabstand auch Heizstrahler, eine Feuerstelle und einen Gabentisch mit allen Geschenken auf der Terrasse vorbereitet. Während meine Mutter, Franzi, Dorian, Benny und ich draußen sitzen und trotz der Vorkehrungen unheimlich frieren, wartet im Ofen eine Gans (die ich nach meinen leidvollen Thanksgiving-Erfahrungen diesmal nicht auf Facebook poste) auf ihren Verzehr. Per Videochat ist auch mein kleiner Schatz Gabriel zugeschaltet, und so machen wir zusammen Bescherung, so gut es eben geht. Leider ist es dermaßen kalt, dass besonders meine Mutter irgendwann gar nicht mehr zu sehen ist unter ihrer Maske, der dicken Jacke und der Kapuze, die sie sich tief ins Gesicht gezogen hat. Das gemeinsame Essen fällt somit trotz aller Mühen aus, und ich bereite gut gefüllte Tupperdosen mit dem Weihnachtsessen für alle vor, um sie sodann nach Hause ins Warme zu schicken. Benny und ich bleiben alleine zurück und lassen es uns schmecken.

Die Stimmung zwischen den Jahren ist ziemlich trüb, da die Impfungen nur langsam und chaotisch anlaufen und ein möglicher Impftermin noch nicht einmal in Aussicht ist. Normalerweise schaue ich hoffnungsvoll in ein neues Jahr und habe bereits Pläne, wie es weitergeht. Dieses Mal ist klar, dass es auf absehbare Zeit genauso weitergehen wird wie die letzten Monate, und das ist vermutlich schon für normale Menschen echt deprimierend. Den Jahreswechsel verbringe ich ganz alleine mit Benny, denn es ist schließlich auch unser Hochzeitstag. Ich brauche keine Böller, keine Party und keine anderen Menschen, und wir verleben einen vertrauten und romantischen Abend, an dem wir viel zu viel Raclette essen und bis spät in die Nacht miteinander reden. Mit der Episode »Silvesterpunsch« aus der Fernsehserie »Ein Herz und eine Seele«, vielen vielleicht besser bekannt als »Ekel« Alfred, nehmen wir eine weitere deutsche Tradition wahr, die Benny diesmal aus seiner

Familie mitbringt. Mal abgesehen von seinem Gelsenkirchener Lokalpatriotismus und seiner aktuell besonders tragischen Liebe zu Schalke 04, ist er zugegebenermaßen alles andere als ein Traditionalist, aber da, wo es geht, mag ich es unheimlich, beide Welten miteinander zu verbinden und ihre Vorzüge zu genießen. »Das ist PUNSCH, Du dusselige Kuh. PUNSCH, PUNSCH, PUNSCH!« :-)

An diesem schönen Abend fühle ich mich zwar wohl, doch ich bin auch nachdenklich. Ich lasse das Jahr und speziell die Arbeiten an diesem Buch Revue passieren. Unzählige Stunden bin ich in mich gegangen, habe mir Gedanken gemacht und dabei viele Tränen vergossen, Wutausbrüche erlitten und auch Streits verursacht. Meine Gedanken in Worte zu kleiden fiel mir teilweise schwer, aber mein Mann stand mir diesbezüglich stets zur Seite, um mir sprachlich unter die Arme zu greifen. So wie ich in Orthografie und Grammatik Hilfe hatte, hätte ich rückblickend auch eine begleitende Gesprächstherapie gebraucht, was ich definitiv im nächsten Jahr zumindest rückwirkend nachholen werde, sobald ich endlich geimpft bin. In meinen vergangenen Therapien habe ich Dinge der Vergangenheit wie Kleidungsstücke sorgsam unter Anleitung zusammengelegt und halbwegs unzugänglich und sicher in meinen Schubladen verstaut. Sie nun wieder hervorgeholt und kurzzeitig getragen zu haben ist nicht ungefährlich, und ich brauche jemanden, der mir hilft, sie wieder zusammenzulegen. Meine Borderline-Persönlichkeitsstörung ist so präsent wie seit 15 oder gar 20 Jahren nicht mehr, und meine Zwänge haben ohnehin einen neuen Zenit erreicht. Ein solches Buch jetzt als Testament meiner gesammelten seelischen Störungen konzentriert schwarz auf weiß vor mir zu haben ist alles andere als einfach. Es spiegelt mich, und ich bin brutal ehrlich, wenn ich sage, dass ich auf die Wucht meines selbstverfassten Manifests, trotz all der guten Absichten von Aufklärung und Desensibilisierung, nicht vorbereitet war. Ich muss feststellen, dass ich ein wahrhaftig kranker Mensch bin, und der Gedanke an Suizid ist mir dieser Tage abermals ziemlich nah. Doch ich trage die starke Hoffnung im Herzen, dass ich auch dieses Tal durchschreiten und gestärkt daraus hervorkommen werde, wie ich es schon so häufig in meinem Leben getan habe. Am Ende wird sich der Effekt einstellen, mir diese Dinge »von der Seele geschrieben« zu haben, denn bereits jetzt, da ich mich den letzten beiden Abschnitten nähere, kann ich zumindest eine gehörige Portion Stolz spüren. Stolz, mich meinen Dämonen gestellt zu haben. Stolz, überhaupt in der Lage zu sein, ein solches Buch zu verfassen. Stolz, dass es Menschen gibt, die dieses Buch verlegen, promoten und vor allem tatsächlich lesen, mit mir fühlen und sich bestenfalls inspirieren lassen.

7.2 Das Fundament meiner Störungen

Eigentlich nehme ich Dich an dieser Stelle in einige Episoden meiner Vergangenheit mit und gebe sie im Kontext des jeweiligen Themas so gut ich kann wieder. Beim Thema Borderline möchte ich aber kurz vor Schluss eine Ausnahme machen und etwas allgemeiner über mein Leben als Borderliner reden. Denn es ist mir kaum möglich, explizite Phasen oder Momente herauszugreifen und ihnen den Stempel »Borderline« aufzudrücken. Eine meiner Therapeutinnen hat es damals treffend ausgedrückt: Meine BPS (Borderline-Persönlichkeits-Störung) ist das Fundament all meiner seelischen Störungen. Sie äußert sich also in verschiedenen Lebensumständen in den bislang beschriebenen Verhaltensweisen.

Ja, meine BPS geht mit dem typischen und allgemein bekannten Schwarz-Weiß-Denken einher, obwohl es eher Schwarz-Weiß-Fühlen heißen sollte. Ich bin nämlich häufig nur zu extremen Gefühlen fähig – positiv wie negativ. Das führt nicht selten dazu, dass ich nicht in der Lage bin, diese Emotionen zu regulieren. Auch »normale« Menschen können schließlich nicht all ihre Emotionen immer erfolgreich auf ein »vernünftiges« Maß reduzieren. Jeder Mensch kennt Extremsituationen, die ihn emotional überfordern. Stell Dir also vor, Du wärest regelmäßig mit solchen Gefühlen konfrontiert und ihnen mehr oder weniger hilflos ausgeliefert. Der einzig zuverlässige Ausweg aus dieser Frustration und Anspannung stellt mitunter Autoaggression, selbstverletzendes Verhalten oder gar Suizidversuche bis hin zum Suizid dar. Zweifelsohne fühle ich mich unverstanden und ungerecht behandelt, wenn ich statt einer zielführenden Diskussion, in der ich meine Meinung differenziert mitteile, nur einen Wutausbruch zustande bekomme. Ich dränge mich damit selbst in eine Ecke, und auf meiner Stirn scheint dann dick und fett BORDERLINE zu stehen, was meine extremen Gefühle nur noch verstärkt und sich in stärkerem Abwehrverhalten äußert. Das ist eine Abwärtsspirale, in der ich mein tatsächliches Anliegen oder meine Meinung am Ende gar nicht kommunizieren kann. Es ist frustrierend, für das eigene Selbstbild und Selbstverständnis bei der Emotionsregulation immer wieder Niederlagen einstecken zu müssen und ein ums andere Mal dabei zu versagen. Irgendwo hinter meinen vordergründigen Zwängen und meiner Impulsivität steckt ja trotzdem mein Selbst, das bloß Schwierigkeiten hat, sich mitzuteilen, da es von meinen Borderline-bedingten Verhaltensmustern dominiert und überspielt wird. Ich hatte diverse Identitätskrisen in meinem Leben und befinde mich quasi auf der permanenten Suche nach mir selbst. Da schon ich häufig nicht weiß, wer ich eigentlich gerade bin, ist es für meine

Mitmenschen erst recht schwierig, die wahre Myriam zu sehen, was in der Suche nach mir selbst auch meine Sehnsucht und mein Streben nach Anerkennung erklärt.

Was ich früher einmal erreicht habe, zählt für mich meistens nicht. Erfolg, Attraktivität, Intelligenz – sogar mein gesamtes Wertesystem kann ich nicht wie viele andere Menschen als konstantes Gut akzeptieren und nutzen. Ich muss mich vor mir selbst immer wieder neu beweisen, und dabei helfen logischerweise Anerkennung und Akzeptanz von außen. Dieses Muster ist mit ein Grund dafür, wieso ich insbesondere mit unsachlicher Kritik, selbst wenn sie nur von einem Internet-Troll ausgespien wird, nur schwer umgehen kann.

Im Berufsleben sind die Resultate oft die (zu) schnelle Begeisterung für etwas Neues, übermäßiges initiales Engagement und das unrealistische Streben nach Perfektion. Wenig überraschend sind der subjektiv unweigerliche Misserfolg, unerfüllte Erwartungen und Frustration die Folge, sodass Dinge schnell wieder uninteressant werden, obwohl sie von außen für andere Menschen wie ein Erfolg wirken können oder zumindest Potenzial darstellen. Mir fehlt die notwendige Objektkonstanz, und ich unterliege in regelmäßigen Abständen meiner Impulsivität. Ich hatte schon so viele Berufe und Projekte in meinem Leben: Friseurmeisterin, Kundenservice-Mitarbeiterin, Assistentin der Geschäftsführung, Sales Managerin, Piercerin, Tattoo-Model, Psychologin, Buch-Autorin und Sängerin. Umso dankbarer und glücklicher bin ich mit meiner Organisation FUCK CANCER und den damit einhergehenden Projekten wie meiner TV-Serie, da ich hier eine dauerhaft erfüllende Aufgabe gefunden habe, die diesen Kreis bislang erfolgreich durchbrechen konnte, auch wenn das Corona-Jahr nachvollziehbar einen Dämpfer für meine diesbezügliche Rezeption darstellt.

Durch übersteigerte Erwartungshaltungen, eigenes Anspruchsdenken und das fehlende oder zumindest eingeschränkte Selbstbild ist auch meine eigene Unpünktlichkeit zu erklären. Sie ist zeitweise so ausgeprägt, dass diese Eigenschaft fast ein eigenes Kapitel mit sowohl humorvollen als auch dramatischen Episoden bekommen hätte! Wer mich kennt oder mit mir zusammenarbeitet, weiß, dass Termine mit mir öfter mal Glückssache sind. Ich stehe ewig vor dem Spiegel und mir damit außerdem mal wieder selbst im Weg. Es ist dabei völlig egal, wann ich morgens aufstehe oder wann ich mit der gesamten Prozedur anfange. Habe ich mehr Zeit, brauche ich halt länger, statt einfach rechtzeitig am Start zu sein. Ich fühle einen extremen Erfolgsdruck und hadere insbesondere mit meinem Äußeren. Immerhin habe ich inzwischen gelernt, die richtig wichtigen Termine halbwegs pünktlich wahrzunehmen. Auch ich bin in der Lage, an meinen Aufgaben zu wachsen. Markus Lanz wartet schließlich nicht auf einen! Die Termine selbst laufen übrigens fast immer reibungslos ab, was meinem Gegenüber dann suggeriert, dass ich in Wirklichkeit gar nicht unzuverlässig bin und dass sich mit mir tatsächlich gut arbeiten lässt. Im Alltag und gerade in der Beziehung ist meine Unpünktlichkeit aber zweifelsohne eine große Belastung und führt unweigerlich zu Auseinandersetzungen. Gerade während ich mich fertig mache, um das Haus zu verlassen, ganz gleich zu welchem Zweck, bin ich leicht reizbar. Wenn ich dann stressbedingt schwitzend vor dem Spiegel stehe und mit mir selbst und der Welt im Unreinen bin, kann jedes noch so vorsichtige »Schatz, wir müssen jetzt langsam echt mal los!« zur Eskalation führen. Dieser Zustand ist eine Art Vorstufe zur Panikattacke. Benny ist hingegen ein sehr pünktlicher Mensch, und über die Jahre haben wir zu diesem Thema schier endlose Stellungskriege ausgefochten. Inzwischen lässt er mich meistens einfach gewähren, wenn ihm der Anlass eher egal ist. Er setzt sich dann an sein Schlagzeug oder schnappt sich seine Gitarre und wartet, bis ich endlich entnervt aus dem Bad komme. Es kommt aber immer mal vor, dass ihm der Termin wichtig ist, und irgendwann reißt auch sein Geduldsfaden.

Die Verhaltensmuster, die ich in Sachen Job und Karriere an den Tag lege, lassen sich in gleicher Weise auf die Liebe übertragen. Ich habe schon einige Beziehungen und Liebschaften hinter mir. Es gab eine Phase, in der lebte ich ziemlich promiskuitiv, was ebenfalls relativ typisch für einen Menschen mit BPS ist. Auch das kann eine Art selbstverletzendes Verhalten sein, in meinem Fall gab es aber zwei Gründe, die schwerer wogen als das. Gerade nach meiner Krebserkrankung, die mir ein Stück weibliche Identität gewaltsam raubte, war ich auf der Suche nach Bestätigung und bekam sie in Form von One-Night-Stands und kurzen Affären. Niemals empfand ich dabei echte Lust, sondern erbeutete einfach nur das Gefühl, körperlich begehrt zu werden, was selten nachhaltig war und sich schnell abnutzte. In der Vergangenheit stellte ein sexuelles Abenteuer mitunter eine Möglichkeit dar, meine chronische Leere für kurze Zeit zu besiegen, statt mich beispielsweise zu schneiden. Es gab aber auch immer wieder Beziehungen, die echt waren, oder die ich zumindest für echt hielt. Nicht umsonst befinde ich mich aktuell in meiner dritten Ehe. Bleibt natürlich zu hoffen, dass es die letzte ist! Ob das gelingt, wird die Zeit zeigen, aber selbst falls sie irgendwann scheitern sollte, werde ich wohl nicht noch einmal heiraten. Immerhin bin ich mit Benny seit nunmehr neun Jahren zusammen, wenn man von der Semi-Trennung 2017 und einer kurzen Trennung direkt am Anfang unserer Beziehung absieht. Damals war ich gerade voll in unserer Symbiose und durch und durch überflutet von den positivsten Gefühlen, als er zu mir sagte: »Lass uns mal einen Gang zurückschalten, sonst sind wir nächste Woche schon verheiratet.« Selbstverständlich konnte ich die Geschwindigkeit nicht einfach drosseln, und ich war nur zu einer Vollbremsung fähig, also beendete ich umgehend unsere noch frische Beziehung. Es dauerte sechs Wochen, ehe wir wieder zusammenkamen, auch weil er nicht lockerließ und ich spürte, dass hier doch das Potenzial zu etwas Größerem vorhanden war. Mir wurde in der Vergangenheit schon vorgeworfen, dass ich nicht fähig sei, zu lieben. Das traf mich damals hart, denn ich kann unheimlich viel Liebe geben und empfangen – vermutlich mehr, als für einen einzelnen Menschen gut ist!

7.3 Was am Ende bleibt

Die meisten Menschen kennen glücklicherweise das Gefühl, bis über beide Ohren verliebt zu sein. Es soll nicht anmaßend klingen, aber ich glaube, bei mir und anderen Borderlinern kann das Gefühl doppelt so ausgeprägt sein wie bei einem »normalen« Menschen. Das ist hier kein Gefühlswettbewerb, aber ich will damit ausdrücken, dass ich und meinesgleichen davon regelrecht überwältigt werden können und so völlig das Maß verlieren. Der Partner wird zum Zentrum des Universums, und kein Podest ist groß und prunkvoll genug für ihn. Dieser Zustand der absoluten Idealisierung kann sicher auch ein fantastisches Gefühl für den Partner sein – zumindest solange er anhält. Schon nach kurzer Zeit beginnt nämlich der innere Boxkampf zweier Erzfeinde. In der einen Ringecke befindet sich die Verlustangst, bereit, die ehrlichen Absichten des Partners infrage zu stellen und außerdem Eifersucht aufkommen zu lassen, wo gar kein Anlass dazu besteht. In der anderen Ringecke ist die Angst vor der totalen Selbstaufgabe, bereit, die eigene Identität in diesem Konstrukt anzuzweifeln und Unabhängigkeit einzufordern. So kommt es zu einem brutalen Schlagabtausch, in dem sich der starke Wunsch nach Nähe und der Fluchtreflex abwechseln – »Ich hasse Dich, bitte verlass mich nicht!«/»Ich liebe Dich, verpiss Dich endlich!« Die Emotionen »Liebe« und »Hass« mögen zwar seit Anbeginn menschlicher Emotionen ewige Antagonisten sein, für einen Borderliner liegen sie hingegen eng beieinander und können quasi gleichzeitig empfunden werden. Es kommt in der Folge zu den berüchtigten, allgemein als Borderline-typisch angesehenen Stimmungsschwankungen und Wutausbrüchen. Unbewusst wird der Partner damit emotional hart getreten, um so eine Entscheidung durch vorzeitiges K. o. herbeizuführen. In den meisten Fällen läuft es darauf hinaus, dass der Partner eher früher als später genug davon hat und schließlich das Weite sucht. Am Ende kommt nicht selten der Vorwurf der Rücksichtslosigkeit auf und dass alles eine große Lüge und nur gespielt war, dabei liegen die Gründe für das Verhalten eben viel tiefer. Zurück bleibt die Bestätigung für den Selbsthass, was wiederum dazu führt, dass sich Gedanken an Selbstverletzung und gar Suizid geradezu parasitär an die inneren Spannungszustände heften, und der Kreislauf beginnt von Neuem. Die traurige Alternative ist gleichwohl Vereinsamung bedingt durch Hoffnungslosigkeit und vor allem Scham, oder wie in meinem Fall zumindest die starke Beeinträchtigung im Aufbau zwischenmenschlichen Vertrauens. In vielleicht abgeschwächter Form können auch Freundschaften diesen Lauf nehmen, wobei mir während des Schreibens auffällt, dass ich mir in der Vergangenheit Freunde regelrecht gekauft habe. Meine beiden Boxer entwaffne ich damit quasi. Die Verlustangst ist viel schwächer ausgeprägt, denn wer gibt schon freiwillig einen Freund auf, der alles für einen bezahlt? Die Angst vor der Selbstaufgabe ist ebenfalls stark geschwächt, da ich mit dem Geld ein Stück Kontrolle behalte. Dieses Verhalten ist letztendlich nicht nur kostspielig, sondern verhindert auch den Aufbau einer echten Freundschaft auf Augenhöhe.

Der Borderliner ist in einer Partnerschaft oder Beziehung außerdem mit einer weiteren Schwierigkeit konfrontiert. Er wird verwundbar! Ja, auch »normale« Menschen gehen mit einer zwischenmenschlichen Beziehung selbstverständlich stets das Risiko ein, verletzt zu werden. Das ist nun einmal Teil des Spiels und so weit auch normal. Der Unterschied ist die hypersensible Wahrnehmung. Was nach der Superkraft aus der Feder eines Comicbuch-Autors klingt, ist allerdings mehr Fluch als Segen. Wie ein Vogel vor einem Erdbeben sind ich und meinesgleichen darauf konditioniert, Stimmungsschwankungen unserer Mitmenschen wahrzunehmen, bevor sie diese selbst spüren. Diese Eigenschaft geht meist zurück auf unsere Kindheit. Wir mussten lernen, innerhäusliche Gefahren, wie zum Beispiel die Wutausbrüche meines Stiefvaters, frühzeitig zu erkennen, um darauf reagieren zu können. Wenn wir Nähe zulassen, kann sich ein dauerhafter Stresszustand entwickeln, der eine toxische Wirkung auf die Freundschaft oder Beziehung hat. Bereits die Mimik eines Menschen, der uns wichtig ist, kann Reaktionen in uns triggern, die für das Gegenüber kaum nachvollziehbar sind. Durch die üblichen Verdächtigen wie Stimmungsschwankungen, Wutausbrüche, Frustration ist man so wieder Teil des Borderline-Kreislaufs.

Das klingt alles ganz schrecklich und aussichtslos – doch zumindest Letzteres ist es nicht! Es ist durchaus möglich, diesen Kreislauf zu durchbrechen. Das ist nicht einfach, und die Beziehung mit einem Borderliner ist auch danach sicher immer wieder eine Herausforderung. Am Anfang meiner Beziehung mit Benny stand brutale Ehrlichkeit. Direkt bei unserem ersten echten Date erzählte ich ihm von meiner Krebserkrankung, meinen gescheiterten Ehen und auch von meiner BPS. Es war sicher unmöglich für ihn, die komplette Tragweite unmittelbar zu verstehen, aber er musste trotzdem ganz schön schlucken. Vielleicht war aber gerade diese Offenheit der Grund, weshalb er nach unserer ersten kurzen Trennung nicht aufgab und versuchte, hinter meine Borderline-Verhaltensmuster zu blicken, um den Menschen Myriam kennen- und lieben zu lernen. Die mentale Stärke dazu besitzt gewiss nicht jeder Mensch, aber ich glaube daran, dass jeder Mensch es verdient, geliebt zu werden und dass sich auch aus solch einer Konstellation etwas Besonderes und Wunderschönes entwickeln kann. Es gibt viele Bücher über die BPS, und im Rahmen meines Studiums habe ich einige davon gelesen. Fast alle stigmatisieren mich und meinesgleichen und machen sich nicht die Mühe, eine Ebene tiefer zu gehen und den Menschen zu suchen, der sehnsüchtig darauf wartet, gefunden, respektiert und geliebt zu werden. Liest man ein solches Buch als Laie, gewinnt man unweigerlich den Eindruck, es mit einer manipulativen Bestie zu tun zu haben, von der man sich besser fernhält. Das ist aber nur oder nicht einmal die halbe Wahrheit!

Ähnliches gilt auch wieder für Job und Karriere. Mir und meinesgleichen fällt es durch unsere Unbeständigkeit und Unpünktlichkeit beispielsweise schwer, zu planen und Ziele zu setzen, da wir darauf trainiert sind, im Hier und Jetzt zu leben und unsere Identität zu suchen. Dabei benötigen wir eben mehr Hilfe als »normale« Menschen. Das bedeutet jedoch nicht, dass unter der Oberfläche aus Borderline-Verhaltensmustern keine Talente stecken – ganz im Gegenteil! Wie in der Liebe braucht es einfach jemanden, der an uns glaubt, uns eine Chance gibt, und der uns motiviert, unseren Enthusiasmus und unser initiales Engagement in einem gesunden Maße aufrechtzuerhalten, bis sich das notwendige Vertrauen in die

Sache etabliert hat. Gibt es gerade niemanden, der an Dich glaubt, dann glaube eben an Dich selbst!

Aber wieso leide ich denn eigentlich unter der BPS? Ich weiß es leider nicht genau, ich kann nur Vermutungen anstellen. Die Grundlagen sind in meinem Fall vermutlich eine genetische Disposition, die ich von meinem Vater geerbt habe. Entsprechende Anlagen resultieren allein noch nicht zwangsläufig in einer ausgeprägten BPS. Man kommt schließlich nicht als Borderliner auf die Welt, und als Kind hatte ich entsprechende Züge auch noch nicht. In meiner Kindheit ist wahrscheinlich trotzdem der Ursprung zu suchen. Ich nehme an, der Missbrauch im Hause meines Stiefvaters triggerte meine Veranlagungen, und die Pubertät, in der sich Körper und Geist ohnehin entwickeln, brachte schließlich erste typische Verhaltensmuster hervor. Auch meine Mutter spielte definitiv eine große Rolle in dieser Entwicklung. Sie hat mich nie misshandelt, aber ich fühlte mich ebenso wenig wirklich geborgen, weshalb die Worte »Ich liebe Dich« oft nicht bei mir ankamen. Meine erste Borderline-Diagnose, die seitdem mehrfach verifiziert wurde, hatte ich irgendwann in meinen frühen Zwanzigern. Es gibt dazu einen anerkannten Test mit verschiedenen Kriterien, von denen man eine bestimmte Anzahl erfüllen muss. Es ist nachweisbar, dass sich bestimmte Areale des Gehirns bei Menschen mit BPS-Störung anders entwickeln, als das bei »normalen« Menschen der Fall ist. Vielleicht macht diese pathologische Tatsache die Art dieser Störung etwas greifbarer für diejenigen Menschen, die nur das impulsive Monster verurteilen und in eine Schublade stecken wollen. Eine psychische Erkrankung ist genauso real wie ein gebrochener Arm, nur eben nicht mit dem bloßen Auge sichtbar, was sicher den Grund für die mangelnde gesellschaftliche Akzeptanz darstellt. In diesem Zusammenhang ist auch für die Betroffenen Scham völlig unangebracht. Es ist nicht nur in Ordnung, sich Hilfe zu suchen, es ist geradezu verpflichtend. Mit einem gebrochenen Arm geht schließlich auch jeder Mensch zum Arzt und lässt ihn eingipsen. Die Behandlung beziehungsweise Therapie einer seelischen Störung ist zwar schwieriger, langwieriger und bedauerlicherweise sogar weniger erfolgversprechend, aber dadurch nicht weniger notwendig. Die menschliche Psyche ist nun einmal eine komplexe Angelegenheit, doch letztendlich ist sie auch das, was uns ausmacht. Es ist kein Zeichen von Schwäche, sich Hilfe zu suchen, es zeugt vielmehr von Stärke, sich zu öffnen und seinen Dämonen zu stellen, und verdient Respekt!

Was bleibt denn nun am Ende? Vermutlich die Tatsache, dass ich mein Leben lang zwangsgestört sein werde – sowohl physisch als auch mental. Gleichzeitig bleibt aber ebenso die Erkenntnis, dass sich ein Teil dieser Energie für sinnvolle Dinge kanalisieren und nutzen lässt. Das Corona-Jahr hat mich gezwungen, innezuhalten, was nicht einfach war beziehungsweise ist. Aber ich lerne trotz meiner Einschränkungen in dieser Hinsicht gerade zu sagen: »Schau, was ich alles erreicht habe!« Es lohnt sich, den Kampf anzunehmen und sein Bestes zu geben, und deswegen möchte ich Dir zurufen: »Das kannst Du auch!« Ich habe in diesem Buch häufig den Vergleich mit »normalen« Menschen gewählt und das jedes Mal bewusst in Anführungszeichen gesetzt. Es ist meine Überzeugung, dass wir auf die ein oder andere Weise alle einzigartig und etwas Besonderes sind. Jeder Mensch ist in seiner eigenen Welt mindestens ein kleines bisschen zwangsgestört.

Danksagung

Ein großes Dankeschön geht an meinen Ehemann Benny, denn ohne Dich wäre es unmöglich gewesen dieses für mich sehr aufwühlende Buch zu schreiben. Du hast mir mit der Struktur und Sprache sehr geholfen ... THANKS

Ein liebevolles und großes Danke geht auch an meine Kinder Dorian und Gabriel. Durch meine Krankheit, aber auch meine Arbeit bei Fuck Cancer, musstet ihr schon oft auf mich verzichten. Die Mama liebt euch beide mehr als alles andere auf dieser Welt und arbeitet auch hart, damit IHR irgendwann etwas habt, worauf ihr zurückschauen und stolz sein könnt. Ich trage euch IMMER im Herzen bei mir. Ihr seid das Beste, was ich im Leben vollbracht habe.

Danke, liebe Mama, ich weiss, dass es für dich nicht einfach ist, dass ich dieses Buch geschrieben habe. So möchte ich, dass du weisst – ICH LIEBE DICH! Ich könnte mir keine andere Mama wünschen, denn auch alles Negative, das wir erlebt haben, hat mich genau hierher geführt und so erfolgreich gemacht.

Ein großes Thanks auch an dich, liebe Frääänz … Du hast mir durch manche echt dunkle Tage geholfen, an denen ich es ohne dich nicht geschafft hätte. I will always remember our awesome Road Trip!!

And last but not least – ein DANKE an alle meine Fans, Anhänger, Supporter und Schützlinge – IHR seid einfach spitze. Ohne euch gäbe es das alles nicht …

An dieser Stelle möchte ich auch nochmals allen Menschen mit psychischen Problemen sagen – IHR SEID NICHT ALLEINE! Ich fühle, was ihr fühlt. Bleibt tapfer, lasst nicht locker, und, vor allem, lasst euch niemals in eine Schublade stecken. Es ist nicht schlimm, anders zu sein, manchmal ist es sogar wie eine »Super Power«. Ihr müsst nur lernen, es für euch so zu nutzen!

Stay Psycho and Fuck Cancer!!

Kisses, Myriam

Komplett überarbeitete und ergänzte Neuausgabe
Alexander Huber
DIE ANGST
Dein bester Freund
NATIONAL GEOGRAPHIC
MALIK